Emotions in History Lost and Found

Ute Frevert

歴史の中の感情

失われた名誉／創られた共感

ウーテ・フレーフェルト

櫻井文子＝訳

東京外国語大学出版会

歴史の中の感情——失われた名誉／創られた共感＊目次

日本語版への前書き　007
英語版への前書きと謝辞　011
序章　歴史の中の感情の秩序《エコノミー》　013
二〇一〇年、ブリュッセル——感情的な政治と感情の政治学　感情の秩序《エコノミー》——機能と意義
近代と前近代
一章　感情の消失　029
トラウマによる感情の消失　心理学と歴史学における感情の消失
文明化の過程での感情の消失　語とともに感情を失う——アケーディアとメランコリア
力を持つ語の消失——名誉　感情の性向《ディスポジション》としての名誉——内／外
名誉の実践——決闘　決闘の感情としての力　臆病者へのはずかしめ
平等と集団の結束　名誉の犯罪の今昔　貞潔と家族の名誉
レイプとセックスと国家の名誉　名誉の凋落か、復活か？
二章　感情のジェンダー化　091
怒りと侮辱　力と自制　女性の強さ、女性の弱さ　近代社会と自然の秩序

ジェンダーの感情局所解剖図《トポグラフィー》　感性《センシビリティ》　ロマン主義的《ロマンチック》な家庭と情念《パッション》に満ちた政治
激情と創造的精神の対置　感情の学校――メディア　自己啓発書
さらなる教育――軍隊、仲間集団、政治　集合的な感情とカリスマ的指導者
新しい感情プロフィールと社会の変化　怒れる若い男たち、怒れる若い女たち
変化の息吹き

三章　感情の発見　145
感情移入《エンパシー》と同情《コンパッション》　一八世紀の道徳哲学における社会的感情　自愛心と共感《シンパシー》
苦しみと哀れみ　友愛《フラテルニテ》とフランス革命　人権　奴隷制度廃止論と感性《センシビリティ》の変化
百科事典に見る共感《シンパシー》　ショーペンハウアーの隣人愛とニーチェの遠人愛
同情《コンパッション》とその欠点　反対勢力や障害　苦しみや哀れみと感情教育
近代社会のジレンマ　人道主義とその訴え

感情の消失と発見――結論と展望　195

*

解説　なぜ今、感情史なのか　伊東剛史　209
訳者あとがき　217
図版出典一覧　46
原注　13
事項索引　6
人名索引　1

歴史の中の感情——失われた名誉／創られた共感

凡例

・本書は以下の日本語訳である。Ute Frevert, *Emotions in History: Lost and Found* (Budapest: Central European University Press, 2011).

・原文において、ドイツ語やフランス語等、英語以外の語句が使用されている場合、必要と判断されるものは（ ）内に記し、訳語の下に付記した。

・原注は1、2……と表記して巻末にまとめ、訳注は＊、＊＊……と表記して、左ページ欄外に示した。

・引用されている著作にすでに邦訳がある場合、原則として該当する訳文を採用し、書誌情報は原注に原書と併記した。

日本語版への前書き

二〇一一年に刊行された本書の日本語訳が刊行されることをとても喜ばしく思う。また、訳者の丁寧な仕事ぶりと労力には心から感謝したい。私自身は日本語を読むことも話すこともできないため、彼女の技量を信じて任せることしかできないが、安心してそうできるものと私は信じている。

本書が日本でも刊行されるということは、感情の歴史学がここでもまた強い関心を得ていることを示している。二〇一五年、中国の済南市で（アジア初の！）第二二回国際歴史学会議が開催されたときには、まだ日本人の研究者に「感情の歴史化（Historicizing Emotions）」というテーマに関心を持ってもらうことはできなかった。丸一日を使って開催されたパネル・ディスカッションには、中国人や日本人のスピーカーは登壇しなかったのだ。当時、この新しい研究動向は何よりもヨーロッパ、オーストラリアと北米で支持されていたように思われる。その後、そこに南米も加わり、日本にも感情の歴史学の研究に熱心に取り組む研究グループが（まだ小さなものだが）成立した。

ここ数年で、このテーマへの関心は異例の高まりを見せている。二〇〇八年に、私がベルリンのマックス・プランク人間発達研究所（Max Planck Institute for Human Development）に感情史研究センター（Center for the History of Emotions）を開設したとき、私たちの他にこのテーマを研究する者はほとんどいなかった。確かに当時からすでに、人間の感情の歴史的な側面を扱う研究書はいくつか存在していた。しかしそれらに比べると、専門家の関心も専門外からの注目も欠けていたのである。そうした状況は、制度が整備されることでようやく変わったのだ。ベルリンのセンター創立の翌年、ロンドンのクイーン・メアリー・カレッジを拠点とするセンターが設立された。これは、感情の歴史学を研究するイギリスの歴史家のゆるやかな連携をはかるものである。二〇一一年には、オーストラリアの感情史中核研究センター（Center of Excellence for the History of Emotions）が成立し、そこでは主に中世史家や近世史家が研究に従事した。二〇一七年には、同センターは研究期間の満了のために解消された。しかし、同センターのおかげで、感情の歴史学という新しい研究動向の制度化は一層進んだのである。それは、新しい学会（感情史学会、Society for the History of Emotions）と新しい学会誌（『感情——歴史・文化・社会』、*Emotions: History, Culture, Society*）というかたちで結実した。

こうしたセンターのいずれにおいても、刺激的で画期的な研究が行われている。とりわけベルリンのセンターでは、マックス・プランク協会による潤沢な資金援助のおかげで、若手研究者が長期間、他の業務に煩わされることなく研究に従事することができている。そのため、同センターは理論的・実証的な研究業績の発表数の多さで群を抜いているのだ。本書のもととなった講演を私が二〇〇九年にブダペストで行ったときには、センターはまだ準備段階にあった。それが今では活気に満ちた場所になり、世界中から客員研究員が——喜ばしいことに日本からも——インスピレーションを求めて訪れるようになったのである。

この間、私自身の研究もまた先へと進んだ。それでも、二〇一一年に刊行された本書は時代遅れになったわけでも、古くなったわけでもない。そのため、私はこの本を喜びと感謝とともに日本の読者の手に届けたいと思う。

二〇一七年一〇月

ウーテ・フレーフェルト

英語版への前書きと謝辞

二〇〇九年にガーボル・クラニツァイから、ナタリー・ゼーモン・デーヴィス記念講演*の講師を依頼されたとき、私は四つの理由からすぐに承諾した。第一に、ナタリーとつながりを持てることを名誉に思ったからである。本書で触れている多くの理由から私は彼女を敬愛しているが、敬愛する理由はまだまだ他にもあるのだ。第二に、中央ヨーロッパ大学を訪問し、うわさに名高い教員たちや優秀な学生たちに会えることにわくわくしたからである。そして第三に、ブダペストを再訪できることが楽しみだったからだ。私が最後にブダペストを訪れたのは一九

*歴史学者ナタリー・ゼーモン・デーヴィスを記念して、毎年中央ヨーロッパ大学で開催される記念講演。世界的に著名な研究者が一名、講師として選ばれる。

九二年だったので、町の変貌をこの目で確かめられることがうれしかったのだ。そして、第四にこの依頼が、ここしばらく考察を進めていたトピックについて、強制的に考えを整理する機会になったからだ。それは、近代史における感情を、その姿や影響力、変化のパターンをどう考えるかという問題である。

ガーボルと彼の同僚たち、中央ヨーロッパ大学の学生とスタッフたちには、この四つの仕事を同時にこなせる機会を与えてもらったことを感謝したい。彼らはすばらしいホストとして、暖かく心の踊るようなもてなしをしてくれたのだ。講義について彼らから得られたコメントはとても有益で、同じことはベルリンのマックス・プランク人間発達研究所の同僚から得られた批判についても言える。研究所の感情史センターで繰り返した議論や討論のおかげで、本書の最終稿は完成したようなものだろう。また、ウリー・シュライテラーには草稿を徹底して批判的に検討してもらえたおかげで、多くの点で原稿を改善することができた。そしてケルスティン・ジンガー、クリスティーナ・ベッヒャーとケイト・デヴィットソンには、注釈や図版、索引を整えてもらい、さらには私の怪しい英語表現にみがきをかけてもらえたので、特に感謝をしたいと思う。

序章　歴史の中の感情の秩序《エコノミー》

二〇一〇年、ブリュッセル――感情的な政治と感情の政治学

二〇一〇年九月一六日、フランス大統領ニコラ・サルコジは怒りを爆発させた。フランス政府によるロマ*の違法キャンプの取り締まりを非難した、ヴィヴィアン・レディング司法・基本権担当欧州委員に対して、彼は怒りにまかせて反駁したのである。ブリュッセルで開催されたEUの首脳会談の席上、サルコジは、「私はフランスの大統領として、わが国への侮辱は見過ごせない」と啖呵を切った。レディングの発言は、フランス政府だけではなく彼の「同胞」にも「深い、実に深い傷を与える」ものだというのである。彼はこれを紛うことなき「屈辱」と

*ヨーロッパを中心に、世界各地に散在する少数民族。

見なし、「無礼で」「胸くそ悪く」「恥ずべき」[1]ものだ、と責めたのだ。

　なぜフランス大統領は、このような激しい攻撃をしたのだろうか。それは、レディングの発言が、痛い所を見事に突いたからである。フランスはEUの法規に背き、恥ずべき政策を推し進めている、と欧州委員が加盟国を咎めるだけでも一大事である。あまつさえレディングは、ヴィシー政権と第二次世界大戦中のユダヤ人狩りという歴史の暗部を持ち出し、昨今のフランス政府によるロマの扱いに重ねてみせたのだ。これがフランス大統領の怒りを買ったのである。ホセ・マニュエル・バローソ欧州委員長との昼食会の間、サルコジは激しい口論をやめようとはせず、舌戦はその後の記者会見の場にまで持ち込まれた。この一件で興味深いのは、サルコジがレディングに反論する際に、名誉と恥辱の概念にまつわる一連の語彙を借用したことである。つまり彼は、屈辱や侮辱について語ったのである。彼が、彼の国が、そして彼の同胞がはずかしめられ侮辱されたと訴えることで、国家と国民の名誉という、いやが上にも緊張をはらむ概念をその場に持ち込んだのである。そうすることでサルコジは、これが冗談では済まされない侮辱だということを、誰の目にも明らかにした。それはこの「傷」が、名誉に深い痛手を負わせるものだったからである。

　この一件の主役は感情である。サルコジの発言に、声音に、表情に、ジェスチャーに、感情は見え隠れしている。フランス大統領は単純に怒っただけでなく、あえてその怒りを人びとに見せ付けたのである。彼は論敵を痛烈に批判したが、一方では、自分は「平静さを保ち、過激な言葉遣いをしなかった唯一の関係者」だった、とも言い張っている（が、そうではなかったという証言もある）。実は、この二つの主張は両立するのである。彼が主張するような、平静さを保って「過激な」態度をとらない、抑制されたふるまいは、今日のヨーロッパや国際的な政治の世界で遵守されている感情の様式に適ったものである。ところが感情は、政治から排除されるべきものでも、排除しきれるものでもないのである。例外的な、真に劇的な場面では主役になるべきものなのである。そしてサルコジにとっては、このときこそが、率直で明白な感情的表明が必要な局面だったのである。国家の名誉は、彼にとって妥協が許されない問題だった。そして、ヴィシー政権とその反ユダヤ的な政策になぞらえるという、レディングの「胸くそ悪く恥ずべき」行為で傷付けられたと彼が感じたのは、まさにこの種の名誉だったのである。

しかし、この情熱的な国際政治の一幕に渦巻く感情は、これだけではない。感情――この場合は怒りと嫌悪――は、フランス大統領の態度の根本にあるもので全てではない。彼の激しい反論をまねいた元凶、つまり屈辱と侮辱にも感情は介在している。特定の個人や集団を侮辱することは、相手をはずかしめることと同義である。それは相手の名誉と尊厳を否定し、その高潔さを汚すことや損ねることを意味するからである。屈辱を感じると、当事者の自己評価はダメージを受ける。つまり、「やり込められた」と感じることや、おのれの「個人としての高潔さと完全性」[2]が脅かされることで、個々人や集団の自尊心が傷を受けるのである。心理学者や社会学者が主張するように、屈辱は強い力を持つ感情である。屈辱は、個々人や集団がおのれの姿と信じているものや、人にこう見られたい、このように扱われたいという願望を真っ向から否定する。その上、屈辱は非常に主観的な感情でもある。何が侮辱に当たるのかは本人の感覚次第であり、その感覚が誰にも共有されなくとも、本人がそうとさえ感じれば侮辱になってしまうからである。

感情の秩序《エコノミー》——機能と意義

このエピソードからは、屈辱や憤り、嫌悪について何を知ることができるだろうか。本書のテーマ「歴史の中の感情——失われた名誉／創られた共感」とどのように関わるのだろうか。第一に、それは今日の国内政治や国際政治で、感情が力を持つことを明らかにしている。これは、近代を通して広められた政治のイメージとは矛盾するものだろう。これまで、政治とは地道なもので、退屈な手続きに支配され、冷静で目標を達成することしか頭にない人間が執り行うものとされてきた。政治を動かすのは利益や規範であり、くすんだ冴えない出で立ちの政治家や官僚が体現するように、合理的なロジックが支配するものとされたのである。感情はこうしたものに精彩を与え、政治の基底にある利益や規範にも彩りを添える存在と考えて良いだろう。

第二に、このエピソードを通して、感情の仕組みについて考えることができる。言葉や表情、声音やジェスチャーは、感情について何を明らかにしているだろうか。それらが伝える感情は、本物と偽物のどちらだろうか。本物の感情は、人の身体や精神の中に隠されているのだろうか。

もしそうであれば、それに近付くことは可能なのだろうか。それとも、内面的な感情《フィーリング》の表出として感情を理解するべきなのだろうか。つまり、そうした内部で生じた感情《フィーリング》を外に出し、人に伝えるものだと考えるべきなのだろうか。（内面的な）印象と、（外面的な）表出にはちがいはあるのだろうか。ニコラ・サルコジは、実は怒りも嫌悪もまったく感じておらず、ただそう思わせたかっただけなのか、それとも他の狙いがあって怒ってみせたのだろうか。人は「感情的になってみせる」ことで、何を得るのだろうか。そしてそれをどんなルールに従って演じるのだろうか。自分でふりをするためのツールを作るのか、それとも大なり小なり普遍的な意味合いを持つ台本に従うのだろうか。どのような状況なら、観客の期待を裏切っても許されるのだろうか（この場合の期待とは、政治家は合理的で抑制されたふるまいをするものだというものである）。そして、感情的な表現が観客に受け入れられる、と政治家はなぜ確信できるのだろうか。

　第三に、このような感情を扱う講演や研究は新しいという考えに、疑いをさし挟むものである。私たちは非常に感情的な時代に生きている、というのは多くの者の所感だろう。政治家は感情を見せる必要があるが、どの感情がどの場面にふさわしいか、慎重な判断が求められる。二〇〇九年五月に教皇が*エルサレムを訪れた際、ヤド・ヴァシェム**でスピーチを行ったところ、

＊ベネディクト一六世。
＊＊ホロコーストの犠牲者を追悼するイスラエルの国立記念館。

強い思い入れも、ひとりの人間としての感情も欠けている、という批判をまねいた。ホロコーストについての彼の発言は、打算に基づく外交辞令であり、儀礼的なものに過ぎないと言われたのである。感情移入《エンパシー》を求めようとした彼の行動自体が、イスラエルの聴衆が望み期待していたものとはかけ離れていたのだ。[3]同様に、感情は選挙戦や就任演説の切り札として定期的に使われ、市民の信用を得るためや希望を持たせるため、はたまた政敵の信頼性や善意を疑わせるために利用されている。

しかし、感情は政治の世界だけに登場するものではない。消費経済の世界では、商品やサービスを買わせるために、感情に彩られたイメージや音楽や言葉で、購買者の幸福と満足がうたわれている。[4]車や化粧品に至っては、消費者の欲望をあおる戦略を取り繕おうともせずに、そのまま「感情」を商品名にしてしまっていることさえある。これは、少なくとも一九世紀後半までさかのぼることができるプロセスの直近の例に過ぎない。その時代からアメリカとヨーロッパの経済は、その名の通り『消費者の創造』[5]に邁進してきたのである。すでにそれ以前の時代から、消費文化と感情の文化は互いに刺激しあってきた。一八世紀には早くも、感情移入の対象としてのモノが感傷的《センチメンタル》なフィクションに登場し、さらに経済活動の中で広められた例がある。[6]こうして感情は消費されるものとして、人びとの意識や行動に介在するようになったのである。

エヴァ・イロウズの「感情資本主義*」が二一世紀に考案された概念ではなく、より長い歴史を持つように、感情の政治学も新しいものではない。名誉と恥辱は、それよりもはるかに古い、政治権力や政治的正当性の概念に支えられた理念である。情熱に突き動かされる政治家（や、情熱に翻弄される政治家）の姿は、繰り返し議論の対象にされてきた。また、大衆政治の時代になったことで、感情の魅力は強まりこそすれ衰えてはいないと考えられる。市民と彼らを政治的に代表する者の間に、感情によるコミュニケーションがもたらされたからである。国王への忠誠心は、次第に政府への信頼感へと変化したが、この信頼感は常に修正や微調整を強いられるものである。そのため、弾圧の代わりに協議を通して市民の協力を得ようとする政権にとっては、市民の不信感というものが頭痛の種になったのである。

こうした知見は、歴史の中の感情の秩序《エコノミー》をたどる知的探求の旅へと私たちをいざなうものである。この感情の秩序《エコノミー》という用語は、元々はスコットランドの哲学者、フランシス・ハッチソンの記述に由来する。彼は感情の「秩序《エコノミー》」について、一七二八年に「個々人のもっとも幸福な状態を作り出し、全体として最大限の利益をはかるものである」[7]と述べている。そうした秩《エコノ》序《ミー》に配慮する姿勢は、一八世紀以降のヨーロッパで発展した、近代社会という企図《プロジェクト》の根幹とも言えるものである。「感情を発見し」、その関連性や重要性、影響力を探る作業は、同時代人や歴史家の関心をとらえ続けてきた近代社会という企図《プロジェクト》に、手触りだけでなく色彩や風味を

＊感情の文化と資本主義が分かちがたく結び付き、相互に規定しあうプロセス。

もたらすものである。またそれだけでなく、過去のものを今の姿へと翻訳する過程で失われた、人びとの行動や思考の陰影や奥行きを取り戻すものでもあるのだ。

繰り返しになるが、名誉がその好例である。一九七〇年代の社会学者が唱えた、現代になって名誉と名誉毀損は事実上消滅した、という主張は合っているのだ。[8] 二〇世紀のはじめにはまだ、名誉にはマックス・ウェーバーも認めるほどの文化的な重要性があったが、この頃には失われつつあったのである。ドイツの映画監督ヴェルナー・ファスビンダーは、一九七四年にテオドール・フォンターネの名作をもとに受賞作『エフィー・ブリースト』[*]を撮影した。この作品の主演女優を務めたハンナ・シグラは、主人公エフィーにまったく感情移入できなかったと告白している。八〇年前の感情は、彼女には奇妙で時代遅れにしか思えなかったのだ。[9]

つまり名誉は、失われた感情として異彩を放つもののひとつなのであり、厳密に言えば、感情としての力をほぼ喪失した性向《ディスポジション》のひとつなのである。かつての世代をあれほど突き動かした名誉というものは、現代のヨーロッパ社会やその評論者を気取る知識人には一顧だにされなくなったのだ。本書の第一章は、この変化がどのようにして起きたのかを検証する。なぜ、どのようにして感情は失われたのだろうか。完全に失われたのか、それとも名称や標識を変えて生き残ったのだろうか。特定の感情やそれに付随する実践を長期にわたり維持し育てた社会集団は、そうした感情や実践を放棄した後、どうなったのだろうか。サルコジの二〇一〇年の突発的な発言や、今日の名誉に関わる儀礼のいくつかが示唆するように、失われた感情がふたたび姿をあらわすことはあるのだろうか。

第一章では、特定の感情を、それを養い育てた社会集団と深く絡めて見てゆき、これらの集団の感情の秩序《エコノミー》から、そうした感情が捨て去られるところまでをたどる。一方第二章では、ジェンダーが感情の様式や制度をどのように構成するか、という問題に取り組む。規範化を推し進めようとする圧力、というものがここでは関わってくるが、そうした圧力は個々人の行動にことあるごとに加えられる。そのようにして、人びとの行動が、高度にジェンダー化された感情や感情表現のルールに適合させられる過程を見てゆく。名誉や恥辱の場合と同様に、そうしたルールは男女の自己認識に深く根を下ろすようになるのである。時代とともに数を増す自己啓発本やその他の様々な「感情の学校」は、そうしたルールや要求を言語化し、態度やふるまいに落とし込んでゆく手助けをしたのである。この章で議論するように、感情を「自然化」し、同時に特定の社会的実践やパフォーマンスと結び付けるものとして、ジェンダーほど力を発揮したカテゴリーはない。とはいえ、それは感情やそれに付随する実践が不変の存在に変わったことを意味するわけではない。男性も女性も、需要や欲求の変化に応じて、ジェンダー間の関係を再規定し調整したのである。そして彼ら彼女らはその過程で、何を感じるべきで、それはどう表現するべきか、という問題とも新たなかたちで折り合いをつけていったのだ。

＊同作品は一九七四年の第二四回ベルリン国際映画祭でインターフィルム賞を受賞している。

このように、歴史の中の感情の秩序《エコノミー》はダイナミックで変幻自在な存在であり、文化的、社会的、経済的、そして政治的な課題を提示することも、逆にそうした課題に応えることもあったのである。感情や感情の様式は、（名誉やアケーディアのように）*すたれて失われることもあれば、新たな感情や再構成された感情が登場することもあった。そのような、近代に「発見され」「発明された」感情の良い例が、感情移入《エンパシー》と共感《シンパシー》／同情《コンパッション》である。そこで本書の第三章では、この三つの感情を考察する。一八世紀以降、感情移入《エンパシー》と共感《シンパシー》は、市民と市民をつないではその関係性をこまやかに調整する、市民社会のもっとも重要な感情リソースと見なされた。奴隷制度廃止論も虐待防止運動も、逃亡奴隷をかくまおうとする行為も、嘆き悲しむ同胞を思って寄付をする現代人の行いも、あらゆる人道主義的な運動の原動力はこの種の感情だったのである。それでは、感情移入《エンパシー》という世俗的な感情にこれほど大きく依存するようになったことの背景には、何があるのだろうか。人びとはどのようにこうした感情を学習したのだろうか。また、学習しなかったのはどのような人間なのだろうか。何がその成功をもたらし、何がその本領の発揮をはばんだのだろうか。感情移入《エンパシー》には限界はあるのだろうか。そして、近代社会がたどった道筋とともに歴史的条件が変わりゆく中、そうした限界はどのように説明できるのだろうか。

近代と前近代

歴史の中の感情の秩序《エコノミー》をたどる、この知的探訪が対象とする時代についてだが、近代社会のはじまりは一八世紀ではない、という主張は合っていると言えるだろう。ナタリー・ゼーモン・デーヴィスによれば、近代はそれより二〇〇年ほど早い一六世紀にはじまったのである。大学院で受けた教育を通して、彼女はこの時代に「おなじみの近代的災厄と冒険」が、「つまり、過酷な競争と資本主義的な貪欲さだけでなく、変化への希望と民主主義の萌芽も」誕生したと考えるようになった。[10] しかしまた同時に、一六世紀（そして後の研究生活で分析の射程に加わった一七世紀）は、「近代社会」が生まれた時代であるだけでなく、前近代的な要素が近代的なものと共存し、様々なかたちで相互に作用しあったということも、彼女はよく理解していた。こうしたことは、近世＊＊だけでなく、近代「盛期＊＊＊」や「後期」近代＊＊＊＊にも言えることである。

つまり、一八世紀なかば以降の時期に注目するとは言っても、前近代または近世の刺激的な感情の歴史を度外視するわけではないのだ。[11] 特に芸術の分野では、一六・一七世紀には、おびただしい数の感情のテクストが生まれた。文学、演劇、絵画、彫刻、そして音楽では、アリストテレス的な情念《パッション》の概念の数々を土台に、美的実践へと発展させる「情動《アフェクト》の詩学」が隆盛した。[12] 当時、人間の行動の原動力は情動《アフェクト》と情念《パッション》にあると考えられたため、精査と観察の対象になった。

＊一章のアケーディアの議論を参照。
＊＊一五 - 一六世紀のルネサンスから一七 - 一八世紀の市民革命の生成期まで。
＊＊＊第二次産業革命が起こった一八八〇年代以降を指す。
＊＊＊＊一九七〇年代から現代まで。

正しい作法や表情、言葉で情動《アフェクト》と情念《パッション》を調整し表現することは、近世の上流社会の関心事になったのである。つまり感性を持つこと、それをふるまいで示すことが、一七世紀から一八世紀はじめの貴族社会の人びとの行動の特色だったのである。そしてこうした感情への関心から、率直な感情と見せかけの感情、本物の感情と偽りの感情の優劣が活発に論争された。[13]

感情は同時代的な議論のテーマになっただけでなく、前近代（と近代）の宗教や経済、社会や政治文化に不可欠の要素でもあった。すでに一九一九年には、オランダの著名な研究者で中世史家のヨハン・ホイジンガが、後期中世をあふれんばかりの情念《パッション》の時代として描いている。そうした正と負の両極の感情は、宗教改革期以降、どちらも中和され消失したという。一四・一五世紀の特徴だった猛々しい憎悪と陽気な騒々しさは、近世まで生き残ることはなかったのである。[14] 二〇年後、社会学者のノルベルト・エリアスも似たシナリオを描いた。エリアスいわく、絶対主義の時代以降のヨーロッパ人は、衝動的に行動する代わりにおのれの情動《アフェクト》を律することを学んだのである。一六世紀以降進展した、国家による暴力の独占がこうした学習プロセスを誘発したのだが、同時に国家権力もまたそうしたプロセスに依存するようになったのである。[15]

一方で中・近世を専門とする研究者は、中世の終焉以降に発達した、感情の「合理化」と「文明化」の概念の研究に手を付けるようになった。一五世紀までは抑制されない衝動的な感情に生活が支配された、というホイジンガの歴史像に対しては、権力や無力さといった抽象概念を人びとに理解させるために感情が効果的に利用された点を見落としている、と強調する研究者もいれば、同時代の感情をあまりに道具主義的に理解することに警鐘を鳴らす者もいる。[16] 前述のナタリー・ゼーモン・デーヴィスは、まだこの論争の中での立ち位置は明らかにしていない。しかし彼女の研究は、たとえば名誉と恥辱や、近世のコンパニョナージュ制度*における友愛と共同体意識、救貧事業における葬送儀礼とプロテスタントの感性《センシビリティ》について、多くのことを明らかにしている。彼女は早くから「合理的な利害」だけでなく、「行い方、考え方、話し方（façons de faire, façons de penser, façons de dire）」、さらに付け加えるなら感じ方（façons de ressentir）にも目配りしてきたのである。[17] しかし、後者を独立した研究トピックにすることもなければ、感情の歴史研究という新領域を開拓するための分析ツールにすることもなかった。そのため、この新しい領域に歩を進めてその可能性と限界を探ることは、彼女のファンや教え子の役割なのである。[18]

ここで定義されるような近代社会は、前近代に比べて感情や、かつて情動《アフェクト》、情念《パッション》、欲求《アペタイト》、感傷《センチメント》と呼ばれたものにとりわけ強い関心を向けた。[19] そして何より感情は、ひとりの人間の人格や他者との関わり方、つまり社会性のもっとも重要な要素と見なされるようになったのである。感情は体の中で生まれ、その体に宿る人格が感じ、認識するものである。当事者は、突発

*中・近世ヨーロッパにおける商工業者の同職組合。ギルド、ツンフト。

的な情動《アフェクト》や熱烈な情念《パッション》に圧倒されることなく、言葉や表情、声やジェスチャーでおのれの感情を伝える方法に熟達することが求められたのだ。

社会の安寧のためにこれを実践するにはどうすれば良いかという問題は、時代とともに数を増す道徳哲学や社会的行動の研究で考察された。昨今の「情動知能《エモーショナル・インテリジェンス》」[*]の大流行は、個人の社会資本と経済的能率の向上を狙った指南書や指導テクニックの長い系譜の、新しい例のひとつに過ぎないのである。[20] また、二〇世紀に登場した「治療的なるもの」の文化は、内省と感情の自覚を、個々人の心の健康とバランス維持の要として強く押し出すようになった。[21] この文化もまた、様々な内省的手法を駆使した時代である一八世紀までさかのぼることができる。たとえば小説を読み、肖像画や田園風景を描き、日記や書簡をつづることは、感性《センシビリティ》を育てる方法として推奨されたのだ。[22]

近代社会という経済的な現実、政治的な企図《プロジェクト》、そして大規模な社会実験は、現在も止まらない識字率の上昇や都市化、産業化や情報化の結果、ますます多くの人びとを巻き込むようになった。近代社会は考察の対象であるだけでなく、生きられ実践されるものなのである。一九世紀の科学の躍進とそのポピュラリゼーションのおかげで、新しい理論や概念は即座に伝達され、知りたいと望む人びとの手に入るようになった。哲学や形而上学的な思弁から徐々に距離を置くようになった心理学という学問分野は、やがて労使関係から商業広告、個人の治療から政治的なコミュニケーションに至るまで、それこそありとあらゆる領域で華々しい存在感を発揮するようになった。その影響で感情は脚光を浴びるようになり、公の領域の言説から恋人や友人、家族の間の私的な会話に至るまで感情への関心は浸透した。情動《アフェクト》の形成や情念《パッション》に関する考察は長い間、宗教テクストや文学、芸術や音楽の専売特許だったが、そこに徐々に科学的な論説や自己啓発本も加わるようになったのである。

しかし、感情が分析され、計測され、議論され、伝えられ、そして操作されるとき、実際のところ感情には何が起きているのだろうか。ヨーロッパの感性《センシビリティ》の時代から、二〇世紀末に主観性の重視が最高潮を迎えるまでの間に、感情には一体何が起きたのだろうか。その評価や受容には、こうした感情の変化はどう作用したのだろうか。感情のジェンダー化や特定の階層との関係性は、感情の歴史的な変化に応じてどのように変えられたのだろうか。時代とともに失われた感情はあったのだろうか。そして歴史家は、どうすればそれらを再び発見できるのだろうか。

＊自己や他者の感情を知覚し、また自己の感情を制御する知能。

一章　感情の消失

トラウマによる感情の消失

感情の消失はそう珍しいものではない。そのひとつは、トラウマが残るような出来事を経験したために感情が失われるケースである。たとえば、身近な人間が脳手術を受けたとして、脳腫瘍を無事摘出できたことを皆が喜んでいるのに、本人はもう喜びも悲しみも感じられない、という状況である。その上、その人物は奇妙な行動をするようになって周囲を戸惑わせるだけでなく、感情移入《エンパシー》もしなくなる。さらに、手術を受けるまでは親しい関係にあった人ともうまく付き合えなくなり、自分にもあまり構わなくなってしまうのである。

ハンナ・ダマシオやアントニオ・ダマシオのような神経科学者が考察したのは、こうした事例である。その中でもっとも古く有名な例が、一八四八年に大事故に巻き込まれたニュー・ハンプシャー州の鉄道建設労働者、フィネアス・ゲージである。火薬の爆発で吹き飛ばされた鉄の棒がゲージの頭部を貫通し、脳組織の一部を損傷した。彼は奇跡的に生きながらえたものの、様々な発作に悩まされ、一八六〇年に死亡する。しかし、この「メランコリー事件」（とボストン・ポスト紙に名付けられた事件）のおかげでゲージは有名人になり、鉄の棒を得意げに持った姿で何度も人びとの前に登場するようになった。死後、彼の頭蓋は（鉄の棒とともに）ハーバード大学医学校の博物館に収められ、現在もそこで展示されている。この事件からさほど時を置かず、彼の事例に注目した神経科学者たちは、様々な仮説を立てては脳の領域と精神的な機能の関連付けを試みた。そのひとりだったアントニオ・ダマシオは、感情的な記憶を保存する前頭葉と脳の深奥部が、私生活や社会生活における意思決定と関係していると主張した。とはいえ彼の推論の大半は、事故後のゲージの精神的な変化を記録した資料に基づくものだった。後世の研究者はこの記録を有力な証拠として扱ったが、実のところこれは、その後にむしろ信頼性が低いと批判されるようになったものである。[23]

しかし新しい事例を用いれば、より信頼性の高い論拠に立脚した試論が可能である。感情のもとになる神経のシグナルを処理する能力は、脳の障害や前頭葉の損傷によって損なわれると考えられている。人の認識能力はそうした脳の損傷の影響は受けないので、患者は仕事を続け、一見普通に生活しているように見えるが、感情の関与が欠かせない案件ではその限りではないのである。そして、そのような案件こそが、実は極めて重要で周囲に大きな影響を与えるものだと述べても、おそらく驚く者は少ないだろう。つまり、患者は論理的な問題を解決し環境を認識する能力は持つものの、もはや状況に応じた対応をすることで自分の周囲と関わることができないのである。人生に関わる判断をまともに下すことも、困惑や共感《シンパシー》、罪悪感といった社会的な感情を適切に表現することもできないのだ。そうした社会的な感情は薄れてしまっているか、完全になくなってしまっているように見受けられる。そして、判断というものは、それがどれほど論理的なものであれ、例外なく感情が介在し、少なくとも部分的には感情に立脚するため、脳の損傷による感情の欠如は深刻な結果をもたらすのである。[24]

この他にも、感情を経験する能力が失われるケースはある。脳の障害や医学的な意味でのトラウマに限らず、心理的なトラウマのために感情を経験する能力が失われることもあるのである。たとえば、人生の一大事や、自分の身に起きたり降りかかったりした事件をうまく切り抜けられなかったときである。この種のトラウマと聞くと、事件やその記憶に関わる感情の阻害を連想する者も多いだろう。この場合、通常は感情システム全体が傷付いたり歪んだりすることはなく、特定の感情だけが影響されるケースがほとんどである。つまり、心理的なダメージにつながる誇りや恥辱といった感情だけが影響を受けるのである。[25]

この種の感情の消失については、心理学や神経科学では膨大な量のデータが蓄積され、研究文献も増え続けているわけだが、それならば歴史学者は、この問題にどうアプローチしているのだろうか。

心理学と歴史学における感情の消失

歴史学者も、まずは心理学者の知恵を借りようとするだろう。何と言っても感情は、心理学という専門分野の創始以来、議論され続けてきた問題である。事実、ウィリアム・ジェームズをはじめとする心理学者の研究では、数多くの定義や考察、分類が提案されている。[26] それでも感情は、一筋縄ではいかない問題だと言えるだろう。一九八四年の時点で（ポール・エクマンとクラウス・シェーラーの著作の序論によれば）「情動に関する疑問」は多数存在していたが、その一〇年後になっても、エクマンとリチャード・デーヴィットソンは「情動の本質」に関する「根本的な疑問」を投げかけているのである。たとえば、基本情動というものは存在するのか。それらはどのように機能するのか。気分《ムード》や気質や、その他の関連する感情の構成概念とどのように区別するのか。特定の心理をともなう、普遍的な情動は存在するのか。私たちは情動をコントロールできるのか。無意識のレベルで情動を経験できるのか。情動に関わる活動では、個人差はどのようにあらわれるのか。そして情動の主観的な経験は、何に影響されるのか。[27]

こうした疑問の解決を試みた研究者の見解は、まったくと言って良いほど一致していない。情動の定義のすりあわせさえできないのである。こうした統一見解の不在を、理論的な精度の低さや専門分野としての破綻のあらわれと見ることもできるが、問題そのものの複雑さを示すものと考えることもできるだろう。加えて言えば、科学的な心理学が哲学の支配から脱却する際に、何世紀もかけて作り上げられた、感情の言語表現という長年の経験に根ざす知見を手放してしまったことも、プラスには働いていないのである。情念《パッション》と情動《アフェクト》、感情《フィーリング》と感傷《センチメント》、欲求《アペタイト》と衝動《ドライブ》を区別する代わりに、心理学は「情動」という概念を新たに設け、人間が経験しうる様々な精神状態とそれに随伴する身体的な変化を包括するものとしたのだ。ところが科学的な心理学は、そうした精神状態に本質的に付随する相違点やあいまいさと向き合うかわりに、微妙なニュアンスのちがいやずれを切り捨てることを選んでしまったのである。

一九世紀以前の社会では言語的に表現されてきた様々な感情現象のあまりにも多くが、包括的な新しいカテゴリーにまとめられる過程で失われてしまった。特に一九九〇年代のニューロ・ターン*以降、心理学は科学的な思考方法に忠実に、情動の基本的な側面と（ポジティブ／ネガティブといった）おおよその性質の解明を試みるようになったのである。その上、普遍的な原理と、その基底にある人間行動のメカニズム（たとえば生存／生殖、報酬／罰）を検出するために、実験の条件を単純化し、ひとつか、よくて二、三の照査された変数に限定せざるをえなくなったのである。

それに対して歴史学者の関心は、何よりも感情の社会的・文化的複雑さとその歴史性にある。

＊人間の脳や神経の機能について、脳神経科学の分野で得られた知見を（人文科学を含む）他の学術分野に導入することで、新たな視座から研究を行おうとする動き。歴史学におけるニューロ・ヒストリーがその一例である。

人びとの感情に関する考え方や語り方には、彼らが感情をどのように経験し扱ったかを理解するヒントが隠されている、という発想をするのである。というのは感情とは何か、そして何をするものなのかという観念や概念が時間とともに変化したのは明らかであり、個人の自己認識や感情にまつわる行動もそれにともなって変化したからである。

　歴史学者は、心理学者よりも社会的な感情に注意を払い、人間関係や集団が介在する状況にそうした感情がどのように影響するかという問題にも関心を持つ点で、心理学者とは異なる。心理学の専門分野の大半が、個人としての特性や固有性を削ぎ落とした人間に焦点を当てているのに対して、歴史学は社会集団や組織の成員、文化の担い手、権力の主体や客体としての個人に注目するのである。この場合、個人の特殊性が重視されるわけだが、この特殊性こそが肝要なのである。ひとりの人間が特定の行動をとるか否かというときに、具体的な動機を提供するのは状況や構造といった文脈であるため、そうした状況や構造を注意深く検証し因果関係を特定する必要があるのである。人の選択や決断（や決断を見送るという行動）を理解するときには、個人的な経験は、文化的な記憶や伝統と同等の重要性を持つのである。

　このように歴史学者は、複雑な制度や個人情報だらけの「豊かな」環境を作り上げるのである。結果として、明快な因果関係を証明することはまず不可能になる。なぜ一八世紀末の教養ある男女が感傷《センチメント》や感性《センシビリティ》に夢中になったのかは、たったひとつの変数で説明することもできなければ、何かひとつだけを原因として挙げることもできないのである。たとえば識字率だけでは説明しきれないということは、その百年後にはるかに多くの男女が読み書きできるようになったにもかかわらず、彼ら彼女らが感傷主義者《センチメンタリスト》にはならなかったことから明白である。本が手に入るようになり、特定の読書文化が興隆したということでさえ、説得力のある説明とは言えない。むしろこうした現象自体を説明する必要があるのである。当時の作家たちが感傷《センチメンタル》小説を著し、読者たちがクラリッサやジュリーやウェルテル*の不運に心動かされたのはなぜなのだろうか。その理由として考えられるもののひとつは宗教であり、実際に研究者の中にも、敬虔主義的な信仰と文学における感傷主義《センチメンタリズム》の親和性を指摘する者がいる。しかしそれならば、カトリックの都市パリがルター派プロテスタントの都市フランクフルトと同様に感性《サンシビリテ》に席巻されたと考えられる点は、どのように説明すれば良いのだろうか。

因果関係の問題に仮説で答えようとすればするほど、さらなる問題と答えが繰り返され、歴史学的な説明と解釈に関する不毛な議論を盛り上げるだけなのである。歴史学者が仮説を検証するために、わずかに異なる特徴を持つ類似例との比較を試みれば、二つの事例の複雑さと特殊性をとらえ損ねないように苦心する羽目になる。このように感情の歴史学は、基本的に他の

*クラリッサはサミュエル・リチャードソンの小説『クラリッサ』（一七四八年）の主人公。同様に、ジュリーはルソーの『ジュリーまたは新エロイーズ』（一七六一年）の、ウェルテルはヨハン・ヴォルフガング・ゲーテの『若きウェルテルの悩み』（一七七四年）の主人公。

歴史研究の分野と同等の厄介さと危険をともなうものである。しかし研究者の中には、感情の歴史学はそれ以上に複雑で研究が難しいと考える者もいる。彼らに言わせれば、感情はどう見ても移ろいやすく不安定なものであり、人の身体の中に隠れ、歴史学者の目ではとらえられないものである。また、感情は、社会や政治の変化とはまったく無関係の、生物学的な法則に従うものと考えられるという。つまり、人間の本質の一部分であるため、歴史化できないものなのである。端的に言えば、感情は不変であるため、歴史学者の手が届かないものなのだ。

ここで問題になっているのは、トラウマとはまた別の次元で発生している感情の消失であり、失われた感情である。一九世紀に形作られた学術研究としての歴史学は、感情をまともな研究トピックとして取り上げることはなかった。歴史学の研究書には情熱的な言葉遣いや目的論的なナラティブがあふれていたが、その著者が感情の言語表現やイメージの使い方を省みることはまずなかったのである。また、史料の中にあらわれる感情を体系的に調査し、その機能や様式、原因を分析することもなかった。一九世紀の終わりになって、文化史に関心を持つようになった者や、歴史学における推論と理解のメカニズムを探求した者だけが、「心的構造連関」や「情熱・苦痛」（ヴィルヘルム・ディルタイ）、国民感情や感性《センシビリティ》の発達に関心を持つようになったのである。[28]

文明化の過程での感情の消失

社会学者ノルベルト・エリアスは一九三〇年代後半、亡命中の若手研究者の立場にあった時期に、文明化の過程に関する独創的な研究を刊行したが、彼のように感情に関心を持つ歴史学者は学術的には周縁にとどまった。（ホイジンガと同様）エリアスもまた、感情は近代化の途上で失われたと考えた。彼が考えるに、一六世紀以降合理化が進み、人びとの感情的「装置」は徐々に変容した。人びとは「個々の人間の情感や困惑の霧」や「集団的な憧憬や不安の靄」から抜け出し、代わりに経験と経験的証拠に導かれるようになったというのである。[29]

しかし、この主張はどこまで正しいのだろうか。経験的証拠の示すところは、その真逆ではないだろうか。エリアスが『文明化の過程』を執筆した当時、公私の双方の領域で激情が猛威をふるってはいなかっただろうか。ヨーロッパ大陸の全域で、集団的な憧憬や不安が何にもまして強い存在感を放っていたことを、エリアスは理解していなかったのだろうか。ワイマール共和国の知識人がすでに「際限なき共同体倫理」[30]と批判したものに、彼自身は影響されていなかったというのだろうか。彼の時代がその真逆の方向を示しているときに、なぜエリアスは近代化と文明化が手に手を取って進展すると主張できたのだろう。実は彼の著書の末尾には、彼の個人的な見解と憂慮が顔をのぞかせている。「われわれのなかやまわりにある不安の緊張状態が変われば（中略）われわれが『理性』と名づけているもの――かなり長期的視野に立ってわれわれの行動様式を調整し、衝動を押えつけ、細分化しながら安定させているもの――がいかに速やかに砕け散り、あるいは崩壊するかを、われわれはまだほとんど意識していない」と彼は述べているのである。そして二〇年後、エリアスは、文明は破綻することもあり、実際に破綻または後退したということを、さらに文明が必ずしも直線的に発展するとは考えられないことをついに認めたのである。[31]

フランスの歴史学者リュシアン・フェーヴルは、エリアスよりも若干早い時期にこのことを理解していた。フェーヴルは一九三〇年代後半、つまりエリアスの著書が出版されたのとほぼ同時期に、歴史学者は感性《サンシビリテ》にもっと関心を持ち、基本的な人間感情について広範に調査するべきだと訴えた。彼が専門とするのは一六世紀だったが、インスピレーションの大半は彼自身が生きた時代から得たものだった。それは彼が呼ぶところの「原始的感情」の横溢である。同時代の人びとの姿に「血、赤い血の崇拝」の復活を、「大地母神」と癒しの太陽の「崇拝」の復活を、「愛を犠牲にして冷酷さ」を追求する行いを彼は見出したのである。感情が理性を牛耳り、「動物性」を歓呼して迎えていると考えたフェーヴルは、そうした感情がじきに世界を「悪臭のする墓地」に変えるだろうと警告したのである。[32]

エリアスいわく、何世紀もかけた合理化の過程で抑制され文明化されたはずの「原始的感情」が、こうしてフェーヴルが証言するように、歴史の中に再び登場したのである。それらの感情による破壊行為が終結すると、フェーヴルはパリの研究室に腰を落ち着け、「名誉と祖国」に関する連続講義のノートを作成した。彼はこの二つの概念を、長い歴史を持つ「感傷《センチメント》」でありながら、二〇世紀中頃になっても「我々の心に」息づいているものとして分析した。考察の端緒、そして論拠となったのは、一九四〇年のフランス敗北後*のドラマチックな状況だった。休戦後、フランスは名誉と祖国への忠誠を誓う二つの陣営に割れ、若者たちは従軍し、同じ目的のために殺しあったのである。どちらの陣営も、フランスのもっとも格式高い騎士団、つまり一八〇二年に創立された名誉国家騎士団（レジオン・ドヌール）の銘文をかかげた。ペタン元帥とヴィシー政権は対独協力政策に、ド・ゴール将軍と自由フランスはスローガンに、それぞれこの銘文を利用したのである。しかし、名誉とは何か、そしてどのような行動をともなうものかという点では、両者は明らかに袂を分かったのである。[33]

　フェーヴルが強い関心を払ったのは、名誉にまつわる両者の見解の相違と、名誉（と祖国）の概念が発揮する感情的な力に対してである。彼いわく名誉は、歴史の中で力を得て人びとの心を強く揺さぶる「力を持つ語（mot-force）」である。講義では、彼はまず中世の『ローランの歌』の時代までさかのぼり、そこから名誉が近世においてたどった歴史的な軌跡を追った。名誉は個人の姿勢として、「感性《サンシビリテ》」として、そして行動の原動力として今もなお生きており「私たちの心に（中略）いまだ息づいている」[34]というのである。

　しかし、本当にそうなのだろうか。より具体的な表現で言いかえるなら、その「感傷《センチメント》」や「感性《サンシビリテ》」は、一七世紀フランスの哲学者が考察したものと同じなのだろうか。ペタンとド・ゴ

＊ここでの「敗北」とは、ナチスドイツのフランス侵攻を受けて結ばれた、一九四〇年の独仏休戦協定を意味する。

ールの支持者の心にそれぞれ息づいた名誉が同一のものではなかったように、名誉は時代とともに変化したと考えるべきだろう。同じ単語であったとしても、その内容や言及される事象は重大な変化をとげたのである。私たちが名誉と感じるものは、先人が感じたものとはおそらくちがうものなのだ。つまり、名誉とはある意味、歴史の中で失われた感情だと考えられるのである。たとえ名誉という言葉が今もなお使われる単語であっても、そのことは変わらないのだ。

語とともに感情を失う——アケーディアとメランコリア

この問題の考察に入る前に、それとは反対のケースを、つまり実際に名称が時代とともに変化した感情の例を見てみたい。この例を考察することで、感情について何が明らかになるだろうか。その感情をあらわす単語が変化したことで、感情自体もまた変化したということだろうか。それとも、単語とその単語が意味することの間には、何ら直接的なつながりはないということだろうか。これをはっきりさせるのにもっとも適しているのが、アケーディア（acedia）の例である。古代ギリシャでは、この語はある種の無気力状態を、つまりこの世でのおのれの立場や状況に構わず、無関心である状態を意味した。[35] 英語に訳すなら怠惰（sloth）、ドイツ語では無気力（Trägheit）に相当するだろう。アケーディアは古代から中世にかけて、修道士や隠遁生活を送る禁欲主義者の間に散見される問題として特に知られていた。一三世紀にトマス・アクィナスは、これは「この世の悲しみ」であり、「精神の喜び」の対極にあるものだと定義した。つまりアケーディアはいつ襲われてもおかしくない魔物であり、一度その手に落ちれば退屈や倦怠感に囚われてしまうというのである。また退屈にともなって、全般的な怠惰さや労働への忌避感、つまり休息中の修道士がよく感じる誘惑も起こる。さらなる特徴としては、読書や祈りをしたいと思えなくなることも挙げられている。[36]

　こうした感覚は二一世紀の人間にもなじみ深いものだろう。現代人もまた、ときには怠けたくなり、ぼんやりとしたり、職務を果たす気になれなかったりするだろう。しかし、これはアケーディアなのだろうか。古代の人びとの手であれほど克明に描写された、張り詰めた精神状態と感覚なのだろうか。これはかなり疑わしいと言えるだろう。第一に、症状が同じものではないと考えられる。たとえば近世の史料には、単純な眠気や全般的な不調、衰弱といった肉体的兆候の他に、発熱や手足の痛み、脚の脱力感などの具体的な症状が枚挙されているのだ。第二の、より重要な点として、そうした兆候の解釈が非常に特殊であり、現代人の感覚からかけ離れたものであることが挙げられる。古代の人びとにとって、アケーディアの肉体的兆候は、その人物の精神が特定の状態にあることを示しただけではなかった。それは魔物の存在を、つまり肉体に入り込み、悪い変化をもたらす外的な作用の存在を示すものだったのである。このように人の肉体は、とても侵されやすく影響されやすいものと考えられていたので、魂が強さと意思を持つことで、そうした干渉を退け、堕落をもたらす悪から肉体を守ることが肝心であるとされていた。アケーディアの肉体的兆候は悪魔が干渉していることを示すものであり、す

図1　アルブレヒト・デューラー「メランコリアⅠ」（銅版画、1514年）

なわちあらがう強さを持たない弱い魂が罪と悪徳に屈したことを意味したのである。つまりアケーディアは、その者が犯した罪の印であり、神への献身と崇敬の不足を示すものだったので、何としてでもその状態から脱却しなければならなかったのである。

　こうした感覚を共有する者は、現代のヨーロッパにはまず存在しないだろう。代わりに現代人は、ストレスのせいで無気力になったのではと疑い、精神的なエネルギーが足りないために倦怠感を感じるのだと考えるだろう。その元凶としては、激務や閑職、モチベーション不足、過労、燃え尽き症候群や退屈症候群（bore-out syndrome）など、様々なものが考えられるだろう。それでも、罪を犯したと恐れおののくこともなければ、義務を果たさなかったがために死に値する罪人《つみびと》になったと考えることもないだろう。

　しかし、似たような苦痛に、たとえばメランコリアのような新しい名が与えられた近世ではどうだろうか。近世に頻出するようになったメランコリアという語は、古代医学の四体液説*に関連する四つの気質からくるものである。黒胆汁の過剰が引き起こすと考えられたメランコリアは、悲しみや気分の落ち込み、積極性の欠如をともなった。ドイツ語では憂鬱（Schwermut）、つまり心情（Gemüt）、あいまいに英訳するなら心（soul）と呼べるものが重い荷を負うことを意味した。メランコリアは肉体的・精神的症状のどちらとしてもあらわれたが、倦怠感（英語でlaziness、ドイツ語でTrägheit）をともなわない点でアケーディアとは異なる。さらに言えば、メランコリアは肉体の内部で起こる変化であり、外部の魔物が引き起こすものでもなければ、一概に悪とも見なされなかったのである。一五一四年にアルブレヒト・デューラーによって作成された、『メランコリアI』という有名な銅版画がある（図1）。描かれた女性のアレゴリーは思索に沈み、おそらくはインスピレーションを待ち望んでいると思われる。実はこの作品のオリジナルは複製よりもはるかに明るく、女性の顔、何よりも目が明るいのだ。[37]そうなると、彼女は必ずしも不安や弱さ、無気力に押し潰された鬱状態にあるのではなく、一六世紀には創造や発明につながると考えられた、期待に満ちた状態にあると考えられるのである。[38]

鬱の話は二〇世紀とも関わりのあるものである。この語が心理学の用語集に収められたのは一九〇五年だが、それ以来の発展はめざましいものである。欧米諸国では、最大で五人にひとりが生涯の内にかかる精神疾患とされている。その症状には、関心や喜びの喪失、悲壮感、情

＊血液、粘液、黄胆汁、黒胆汁の四種が人間の基本体液であり、そのバランスによって健康が保たれているとする医学理論。ヒポクラテス、ガレノスの医学の根幹をなす理論であり、一九世紀初頭まで何世紀もの間、ヨーロッパの医学に影響を与えた。

動の大幅な減少や欠如、倦怠感、罪悪感、無力感、不安、恐怖があるが、その大半はさしたる理由をともなわないものである。鬱病の直接的な原因は神経生物学的な障害、つまり神経伝達物質の過剰分泌または不足だとされている。[39]

以上、一見すると共通の症状も見受けられる、精神または魂と肉体の状態を三つ考察した。その結果、この三つが基本的に同じものだと考えてしまうこともあるかもしれないが、はたしてそれは正しいのだろうか。それぞれの状態の説明や解釈、評価がかなり異なることを考慮すれば、似ているとは言えないだろう。このことがまた、アケーディアやメランコリア、鬱病がその当事者によってどのように表現され感じられたのか、という問題にも関わってくるのである。アケーディアが致命的な罪であり、神と信仰共同体に背く行いとされたことが、一三世紀の修道士や修道女の経験に影を落としたのは当然の帰結である。メランコリアを感じる一七・一八世紀の作家の自己認識はまったく別個のものだったので、彼らの魂が抱える重荷（Schwermut）が及ぼす作用もそれに応じて変化した。そして、抗鬱剤を飲む二〇世紀の人間は、自身の体内の化学反応の異常について、また別のとらえ方をする。つまり現代人は、自分は鬱病というありふれた精神疾患にかかっていると考えるため、アケーディアやメランコリアにかかった人びととはまたちがう目で自分の病を見るのである。神経伝達物質やシナプスという概念で理解するようになると、気質や体液、黒胆汁や魔物、神と共同体に背く罪について思いを巡らせる者とはまたちがった見方ができるようになるのである。

ここまでの議論の要点は以下の通りである。アケーディアとメランコリア、鬱病の間に似た症状が見られるとしても、それらの症状に与えられる名称や理解の枠組みも、それらが置かれる文脈も大きく異なる。それぞれ別の参照系（魔術・宗教・学芸・神経生物学）の中に位置付けられるので、その症状に付与される価値も異なるのである。そしてそれがまた、それぞれの状態の評価や経験に影響を与える。こうした視点から考えれば、アケーディアとメランコリアは確かに「失われた感情」であり、鬱病という新しい精神状態に翻訳される過程で消失したものなのである。

力を持つ語（mot-force）の消失——名誉

同様の議論は名誉についても可能である。現代の欧米社会における感情のレパートリーの中では、名誉は目立つ存在ではない。名誉は健在だという一九四五－四六年のフェーヴルの主張は、じきに疑問視されるようになった。激情に満ちた一九一四－四五年の第二次三十年戦争*の時代に比べると、第二次世界大戦後の西欧の政治文化は明らかにパトス**に欠けたものだった。

*第一世界大戦がはじまった一九一四年から第二次世界大戦が終わった一九四五年までの約三〇年間を、ヨーロッパの歴史におけるひとつの時代と見る時代区分。
**アリストテレスの倫理学において、対象の刺激を受けて生じる、快楽または苦痛をともなう感情一般を意味する語。現代においては感情の高まりや激情を意味する場合が多い。

共産主義圏と非共産主義圏の対立は、政治への強い不安感や政情不安をもたらしたものの、それらは別のかたちで言語化されたのである。かつて力を持っていたこの語（mot-force）は、公私の領域のどちらでも、その思想的本質や実存的な力、感情としての魅力を失った。濫用された結果飽きられ、人びとの心が離れてしまったのである。

特に、それまでこの語が大いに使われたドイツがそれに当たる。ナチス政権は社会組織や政治制度を通して様々な美徳を顕彰したが、その中でも名誉と忠誠心は上位に位置付けられたのである。フェーヴルがフランスについて指摘したように、「歴史の重み（alourdis d'histoire）」を背負うこれらの感情は、ドイツ人が「人種として」本質的に持つ能力だと喧伝されたが、同時に重い期待と義務をともなうものでもあった。つまり、ドイツ人の名誉のような特権的で卓越したものは、何としてでも守るべきものだったのである。一九三五年、議会は「ドイツの血とドイツの名誉を守るための」法を可決した。それは（非ドイツ人とされた）ユダヤ人と（非ユダヤ人とされた）ドイツ人の婚姻を禁止し、両者の間の性的関係に厳しい制裁を課すものだった。加えて、ユダヤ人が四五歳以下のドイツ人のメイドを雇うことも、彼らがドイツ国旗を身につけたり掲揚したりすることも禁じられた。このように名誉は、「純粋な血統」や国家の象徴と深く関わりあうものだったのである。一年後、ニュルンベルクで名誉の党集会（Parteitag der Ehre）が開催され、ドイツの名誉の回復が祝われた。そこでの議論に従えば、ドイツの名誉が大きく損なわれたのはヴェルサイユ条約のためである。連合軍は第一次世界大戦の責任をドイツに取らせた上に兵役制度を停止し、ラインラント*を非武装化したことで、その主権を奪ったのである。一九三五年、ナチスは兵役を再導入し、一九三六年にはドイツ国防軍をラインラントに駐留させた。こうして（主権に連なる）名誉は回復されたのである。

ナチス時代の後、東西ドイツに残った名誉の概念では、主権もセクシャリティも重視されることはなくなった。それぞれの政府が国民に与えた名誉は、純粋な血統とは関わりのないものだったのである。つまり、血統ではなく、共同体への特定の功績や貢献が評価されて褒賞が与えられたのだ。メダルや勲爵師団（order）や勲章が、格別の功績や美徳に「名誉を与える」ために授与された[40]。同様に、人びとは大学や協会、議会から与えられる名誉称号や学位、肩書きも喜んで受け取った。たとえば一九六三年、合衆国議会の法によってアメリカの名誉市民権が与えられたウィンストン・チャーチルのように、国家や都市が格別の評価を与え重視する人物には、名誉市民権が授与されたのである。また、ボランティアで勤める役職（たとえばプロボノ**として行うもの）は、ドイツでは「名誉職」と見なされる。そして「名誉をかけて誓う」という言葉は、自分の良心にかけて誓うという意味で使われている。これは特に子供や青少年が、相手に信じてほしいと思うときによくやることである。さらに法律も、名誉というものがあるこ

＊ドイツ西部のライン川沿岸地域。
＊＊公共への奉仕や慈善事業のために無料、または低額の報酬でサービスを提供すること。プロボノ・ワーク。

とを認め、明確に規制された特定の状況下では、侮辱は名誉毀損と見なされるのである。[41] このように、名誉は現代人の精神地図《メンタル・マップ》から完全に消えたわけではない。アケーディアとは対照的に、今も知られており使われている単語なのである。

しかし、その意味するところについてはどうだろうか。我々の祖父母や曽祖父母が感じたのと同等の誘引力を、同じ精神的重みと切迫感を、名誉の概念に感じているのだろうか。同じ問題や実践に適用しているのだろうか。一九世紀と同じようにジェンダー化しているのだろうか。名誉を社会の下層に属する人びとと上流階層の名誉を異なるものと見なしているのだろうか。名誉を民族的には中立の概念と見なしているのだろうか。それとも特定の集団や文化をより明確に想起させるものなのだろうか。つまり、現代人にとってなじみ深いと言えるタイプの名誉を、過去の時代のヨーロッパに存在したと長年考えられてきたタイプの名誉と、同列に論じたり比べたりできるのだろうか。ましてや、欧米社会のメインストリームでは失われた名誉の概念や実践を大切にする非欧米社会における名誉と、現代のそれを比較することはできるのだろうか。[42]

感情の性向《ディスポジション》としての名誉――内／外

はたして名誉は感情なのだろうか、と疑問に思う者もいるだろう。心理学者が作成する基本的な感情のリストには、当然名誉は載っていない。より詳細なリストであっても、まず掲載されることはないだろう。とはいえ、これは重要なことではない。実験心理学は現代西洋の科学であるため、欧米の被験者を取り扱うからである。彼らにとって名誉は、普通は気にかけるようなものではない上、その感情的な力も忘却の彼方にあるのだ。心理学者の問題設定は、欧米の中流階層出身の大学生に共有される経験の範疇を滅多に超えることはないのである。[43]

しかし、人類学者や社会学者に名誉の感情としての力についてたずねたら、心理学者とはちがう答えが得られるだろう。アルジェリアにおける名誉の文化の考察から研究生活をスタートした、フランスの社会学者ピエール・ブルデューは、名誉は強力なハビトゥス*であり、感情の「性向《ディスポジション》」のシステムとして社会的な実践を生産し構成するものであると説明している。[44] 一方、リュシアン・フェーヴルは、名誉は我々の心の中に生きる感傷《センチメント》、もしくは感性《センシビリティ》であると述べている。[45] 彼らより二世紀ほど前の無名の著述家も、名誉は「心（臓）に根ざす」と考えていた。[46] 当時、心臓は感情が湧き出る器官とされていたのである。一九〇四年には別の専門家が、名誉は「生理的に知覚される」と記している。つまり名誉は、当時の心理学者ウィリアム・ジェームズが情動そのものであると考えた肉体的症状をともなって、明確にあらわれるものだったのである。[47]

一八・一九世紀の百科事典に収録されている、情動《アフェクト》や情念《パッション》に関する記事を執筆した教養人は、

*生活条件が類似する社会集団の中で形成され、個人にはそれと自覚されないが知覚・行為・思考を生み出す心的諸傾向の体系。ピエール・ブルデューの社会学の中心的な概念のひとつ。

もっとも注目に値する感情の例として、迷わずに名誉やその派生語（野心：Ehrgeiz、名誉欲：Ehrtrieb、名誉心：Ehrliebe）を挙げている。また一七四八年にモンテスキューは、名誉とは君主による統治の「発条」であると定義している。共和国が徳性に導かれるのに対して、君主制は「身分的権威、地位」に導かれるため、「各人各身分のもつ偏見」である名誉に支えられているというのだ。[48] 確かに近世では、全ての者が身分にかかわらず名誉を追求したが、社会階層や身分、性別、宗教的・民族的な集団によって、その様相は大きく異なった。これらの集団は、それぞれ独自の名誉にまつわる行動規範を定め、集団の成員はこれを厳守することが求められたのである。そうした規範を侵して名誉を失うことや、その結果として集団から排斥されることは、そのどちらか片方だけをこうむったとしても、社会的な死に等しかったのである。[49]

名誉の社会的・文化的重要性は、近代社会でも忘れられたわけではない。一九〇〇年頃、マックス・ウェーバーやゲオルク・ジンメルのような社会学者は、名誉がなおも影響力を持つと証言している。人びとの行動を規定し支配するものとして、名誉は当時もなお決定的な役割を果たしていたというのである。社会学の表現を借りると、名誉はある社会集団を結束させ、成員の間の団結力を育てる「糊《のり》」として機能したのである。ジンメルが指摘したように、法が社会全体を安定させ、道徳が個人の行動を導くのに対して、名誉はその両者の中間にある社会集団やグループを守ったのである。こうした名誉特有の機能は、「内的な手段」を通して「外的な目的」を達成しようとすることで発揮されると考えられた。集団の個々の成員は、名誉をあくまで個人的な関心事として大切にするように教育されることで、社会的な責務であるはずの名誉を守るという行為が、「個人の救済」と私的な利益を追求する行為へと変換されるのである。名誉そのものも、社会的でありながら個人的であるという、両者の完全なハイブリッドとして機能した。つまり名誉は、一方では特定の社会集団とその集団固有の行動規範に内在化され、他方では「純粋に個人的な」ものとして個々人に受け入れられたのである。これは名誉が二つの面で個人の自己認識に直結する、非常に感情的な問題と見なされたからである。すなわち名誉は、自分は高潔な人格を持つと人に認められたいという欲求と、社会的承認と名声を得たいという願望から切り離すことができないものだったのである。[50]

これが実際にどのように機能したのかを見るには、一九世紀の上流階層や中流階層の男性の例が分かりやすいだろう。ドイツやオーストリア・ハンガリー帝国、スイスの一部地域、さらにフランスやスペイン、イタリアやロシアでは、中流階層や上流階層の男性は、個々人や制度によっても異なる、非常に細分化された名誉のシステムに支配されていた。社会制度として、名誉の厳格な規範や実践にはじめて触れるきっかけとなったのは、学生団体や軍隊だった。そこで学生や将校たちは、自分の名誉を厳粛に受け止め、何としてでも守り抜くことを学ぶのである。つまり、侮辱されないよう、侮辱をうっかり見過ごさないよう警戒することを叩き込まれるのである。学生団体に所属する者は、名誉に非常に敏感であることが求められた。不名誉な行いをした者は、自分の居場所を失うことになるのである。しかし、それ以上に深刻な事態をまねいたのは、相手が団員であれ外部の人間であれ、名誉を軽んじる態度を許してしまった場合だった。これは、その団員に勇気と品格がないことを誰の目にも明らかにする事態であるため、完全に軽蔑に値すると見なされたのである。同様に、臆病者や卑怯者と罵倒されたり、物理的に攻撃されたりした場合も、強硬に対処することが求められた。いずれにせよ、名誉の毀損と見なされる事態は、ただちに全力をもって正さなければならなかったのである。

軍隊にも同様の規範が適用された。貴族出身であれ中流階層出身であれ、将校ならば名誉は決して失ってはならないものとして守ることを教えられたのである。由緒正しい組織に属し、その名を背負う以上、その組織の名誉には傷ひとつ付けてはならなかったのである。(相応の敬意を払わなかったり、規範を公然と破ったりすることで)この名誉を侮辱した者には、相応の報いが与えられた。これは将校だけでなく、軍や軍人だけに与えられる名声を軽んじた民間人にも適用された。将校への侮辱は組織への侮辱であり、その逆もまた然りだったのである。このように、特に名誉に敏感な集団として知られた将校たちは、名誉を「心に」刻み、どんな時でもどんな場所でも名誉を守る機会を逃すことはなかった。比類ない名誉心(Ehrliebe)に満たされた自分たちこそ、真に名誉に生きる男たちであると信じていたのである。そして彼らの最高司令官も、名誉のためにはどのような行動が必要か(また禁じられているか)を忘れることは許さなかった。一八七四年、プロイセン国王にしてドイツ皇帝ヴィルヘルム一世は、同僚の名誉を傷付ける将校や、おのれの名誉を守れない将校は許されるものではないと明言しているのである。[51]

名誉は何によって傷付くのだろうか。たとえば、意思の弱さや軽率さをあらわにする行動や負債、不適切な交友関係や賭博、過度の飲酒といったものが、将校の名誉とは相容れないとされた。こうした露骨な違反行為だけでなく、否定的な発言をすることや不機嫌そうな表情を見せること、挨拶や晩餐への招待を欠くこと、といったささいな理由で気分を害する将校もいた。また、言葉による侮辱よりも物理的な攻撃による侮辱、つまり殴ったり平手打ちしたり、剣で切りかかったりした方が重く受け止められた。そして、最悪の事態は「家庭」や「家族の名誉」が汚されることで、これは娘や妻が同僚に誘惑されたことを意味したのである。[52]

　これらの不名誉とされる行動を鑑みれば、名誉がひとりの人間の精神的・肉体的な高潔さを基軸とする、感情の性向《ディスポジション》だと言えるだろう。この高潔さが汚されることで、人は汚名をこうむるのだ。それを如実にあらわしたのが、同輩の目前で貶められ、はずかしめられた場合である。侮辱を不快に思う同輩たちは、強硬な措置を求めるわけだが、そこでふさわしい対処をせず、相手の責任を追求することから逃げると、臆病者とそしられるのである。誠心誠意、名誉を守ろうとしない者は、侮辱されて当然だったのである。この例に当たるのが、一八四〇年代のあるバイエルンの将校である。ある薬剤師が、彼を「不埒者」と罵倒したために名誉毀損のかどで起訴され、禁固刑を言い渡された。しかし、侮辱された将校の汚名はこの処分だけではそそがれなかったので、同僚たちは彼を非難した。彼らに見限られることを恐れた将校は、一個人としてより強硬な措置をとることを計画したのである。[53] これに似た事件が、文学作品として不朽のものになっている。一九〇〇年にアルトゥール・シュニッツラーが発表した小説『グストル少尉』では、ひとりのオーストリア将校が公の場で社会的地位の劣る者に侮辱されたと感じるが、(たとえば相手を剣で切り捨てるといった)適切な対処をとり損ねたことから、自死を決意する。そうすることでしか、輝かしい名誉についた汚点はぬぐえないと彼には思われたからである。

ジンメルが明快に論じたように、名誉はここで社会的でありながら個人的であるという二つの機能を果たしている。一方では、名誉は職業的・組織的な規範に深く織り込まれていた。将校団の成員は特定の行動をとることが求められ、それができない者は制裁されたのである。そのため、名誉の規範が強制的で抑圧的だという批判は、同時代にも存在した。他方では、この規範はすんなりと、けれども細心の注意をもって、個々人の思考様式や行動へと変換されたのである。名誉を守ることはあくまでも個人的な問題、つまりただひたすら自分のためだけにすることだと考えられ、感じられたのである。

この名誉を守るという個人的な問題は、物質と精神の両面から理解する必要がある。加害者を法廷へ引き出し、名誉毀損と中傷のかどで有罪判決を受けさせるだけでは不十分とされたからである。侮辱に関する法規は存在したが、法的解決で良しとする者はまれだった。賠償というアングロサクソン的発想は、ドイツでは酷評を受けたのである。自由主義的な社会改革者であり、イギリス的制度の賛同者だったルヨ・ブレンターノでさえ、賠償は人の名誉という精神的な問題には似つかわしくないと否定的だったのである。[54] 一般に当時のドイツ人は、「まったき人」の理念を、つまり精神と肉体がそれぞれ求めるものをひとつにまとめ上げることのできる、自立した人格というものを特別視した。心と頭脳、感情と理性は、ぴたりと歩を揃えるべきものなのである。侮辱がその「まったき人」の「生存権」を侵害した場合、当事者はおのれの権利を守らねばならなかった。そして、名誉とは唯一にして分かつことが許されないものであるため、それが損なわれた場合は、おのれの「精神と感情の高潔さ」を守るために死力を尽くさねばならなかったのである。[55] ブルジョワ的な道徳意識に対して終始批判的だったカール・マルクスでさえ、おのれの「人としての品位」を売り渡すことを拒む者には同情的だった。ときには「封建的手段」に訴えてでも、おのれの高潔さを示さなければならないことがある、と彼も論じているのだ。[56]

名誉の実践――決闘

これを書いたとき、マルクスは何を念頭に置いていたのだろうか。彼の言う「封建的手段」とはどのようなものだったのだろうか。上述のマルクスの所感は、フェルディナント・ラサールが一八五八年に書いた手紙を彼が読んだときのものである。ドイツ系ユダヤ人の文筆家・社会活動家だったラサールは、ある官僚から決闘を申し込まれるが、決闘反対論者だったため、勝負を辞退した。ところが彼は、「信条のために、私の血が求めるものを抑え込む」のは苦しい、と近しい友人に打ち明けている。ラサールは学生団体に所属していた時期に、名誉を重んじ、名誉にまつわる規範を遵守することを学んでいる。そのため、決闘を申し込まれたときには直情的に反応し、さらに不利な条件でも勝負を受けてみせよう、という「非常に強い衝動」を感じたという。そのため、理性を取り戻し、決闘を断ってからも、自分の名誉が気がかりでどうしようもなかった。臆病者のそしりを受けるのでは、と気に病んだのである。その苦しみは「魂が消滅」するかと思うほどのもので、彼の「虚栄心」は痛み続けた。[57] 六年後、「魂の消滅」の苦しみに耐えかねたラサールは、ついに虚栄心や品位や名誉といったものの前に膝を屈した。ドイツ初の社会民主党を創立し、その党首だったラサールは、娘と自分の結婚を認めなかった男性に決闘を申し入れたのである。決闘は一八六四年八月二八日に行われ、銃弾を身に受けたラサールは、三日後、享年三九歳で亡くなった。[58]

ラサールは、一九世紀から二〇世紀はじめのヨーロッパにあまた存在した「名誉に生きる男」のひとりに過ぎない。近世のスペインで生まれた決闘という行為は、当時ひんぱんに繰返され、ピーター・ゲイがいみじくも述べたように、「ブルジョワ的経験」の構成要素となったのである。[59] マルクスには封建的手段と呼ばれたが、その内実も形式も様変わりしていた。数多くの手引書やハンドブックが刊行された結果、決闘は高度に規律化され統制された対決へと変貌していたのである。決闘は情熱的な行為と見なされたものの、それ自体は情熱的とは言いがたい儀式だった。決闘者には穏やかで抑制の効いた態度が求められたのである。相手への罵倒や挑発は禁止され、節度ある距離感を保たねばならなかった。加えて、ルールが遵守され勝負が公平に行われるように、介添人も付けられたのである。

決闘の経験者の中には、著名な政治家や教授、医師や弁護士、実業家も含まれた。高級官僚であり、ベルリン初の大学を創立したヴィルヘルム・フォン・フンボルトもそのひとりである。一八一五年、彼はプロイセンの使節としてウィーンに滞在していた。ナポレオン率いるフランス革命軍が敗北した後のヨーロッパの行く末について、各国の政治家が協議したときだ*。プロイセン使節団のメンバーのひとりは、プロイセンの軍事大臣ヘルマン・フォン・ボイエンだった。オーストリアの外相メッテルニヒ侯爵との会談の際、フンボルトがボイエンの退席を求めるという一幕があった。フンボルトにはボイエンを侮辱するつもりなどなかったが、彼は明らかにそう受け取り、フンボルトが謝罪しても怒りはおさまらず、決闘を提案されてはじめて、ボイエンの態度は和らいだのである。決闘の場で対峙した二人は、それぞれ狙いを定めて引き金を引いたが、どちらも相手を撃たないようにした。決闘が終わると、二人は和やかに言葉を交わし和解したが、これは決闘なしには考えられないことだったと、フンボルトは妻に打ち明けている[60]。

精神分析学の祖ジークムント・フロイトもまた、名誉に敏感な者のひとりだった。一八八五

＊ウィーン会議のこと。一八一四‐一五年、ナポレオン戦争後の国際関係の処理のためにウィーンで開催された。

年、ウィーン総合病院に勤める若手の医師だったフロイトは、同僚で友人のカール・コラーが別の同僚と行った決闘について、婚約者に語っている。その同僚はささいな口論の末、ユダヤの豚野郎という差別的な罵り言葉でコラーを侮辱したので、コラーは平手打ちで応酬した。失言そのものも、手が出てしまったことも深刻な侮辱に当たるため、決闘は当然の帰結だった。このコラーの応酬をフロイトが痛快に思ったのは明白で、戦いの前の景気付けにとワインを一本贈っている。フロイトは、ユダヤ人男性や市民の名誉を守ることを大切に思っていたので、コラーが男らしく勇敢な行動をとったことに誇りと喜びを感じたのである。[61]

このような好例の最後のもの（ちなみに他にも多くの例がある）は、マックス・ウェーバーである。著名な社会学者であるウェーバーは、中流階層の誇り高き一員であることを自負していたが、名誉は前近代的な虚飾であるという発言や記述を繰り返している。しかし、こと彼自身の名誉が絡む問題には、彼は過敏に反応した。ひとたび彼や彼の妻が侮辱されたと見れば、ウェーバーはためらいなく決闘を申し込んだのである。彼の妻のマリアンネ・ウェーバーはフェミニストを自認していたが、それでも夫が彼女や彼自身の名誉を守ることにはやぶさかではなかったようである。後になって彼女は、自分の夫はとても「爆発しやすい」情熱的な思いを名誉に抱き、それを守るために全力で闘ったのだ、と述べている。[62]

こうした感情は、何もドイツやオーストリアの男性だけに限られたものではない。一八〇四年には、アメリカ合衆国副大統領アーロン・バーが連邦主義者のアレクサンダー・ハミルトンに申し込んだ決闘で、ハミルトンが落命している。実はその事件の三年前、ハミルトンの息子フィリップも同じ場所で命を落としている。[63] また一八二九年には、イギリス首相のウェリントン公爵が、ウィンチルシー伯爵に対して決闘を申し込んだ。公爵いわく、その申し入れは「紳士ならば決して否とは言わないであろう、あなたの行いに対する名誉回復の機会を与えてもらうため」のものだった。伯爵もすぐさま「当然ながら断ることなど私にはできない」と承諾した。二人の紳士はロンドンのバターシー・パークで対峙し、公爵が最初に引き金を引いたが、どうやらわざと狙いを外したようである。次いで伯爵も空に向けて銃を撃った。こうして「通例の名誉回復の機会」を終えると、ウィンチルシー伯爵は、ウェリントン公爵を「卑劣で道義にもとる動機」に従っているとなじったことを反省している、と人びとの前で認めたのである。[64]
また、一八九一年にパリ駐在のイギリス副領事がある決闘で介添人を務めると、この事件はイギリス庶民院*で白熱した議論を巻き起こした。[65] 当時のイギリスでは、すでに決闘は過去の遺物と言っても差し支えのないものだったからである。しかし大陸ヨーロッパ、特にフランスでは決闘の習慣は続いており、王党派や共和主義者、保守派や社会主義者といった立場のちがいに関わりなく大切にされていたのである。

なぜ男たちが決闘したのか、あえて考えてみたい。ルソーの言葉を借りるなら、なぜ彼らは

＊イギリス議会を構成する議院のひとつ。下院に相当する。

おのれの名誉を剣先に乗せることを選んだのだろうか。なぜ名誉を命がけで守ろうとしたのだろうか。同時代人いわく、決闘の理念は「自愛心の真のパラドックス」である。決闘をする者は、自愛心に駆られて行動した結果、その大本を、つまり自己の存在を物理的に抹消してしまうからである。[66] 進化生物学や合理的選択理論に基づく経済学にとっても、これは解くことのできない謎である。名誉に生きる男たちは、物質的な利益や利得ではまったく動かない。その代わりに、非物質的で精神的で、感情的な何かを追い求めたのである。[67] 侮辱されたと感じ、おのれの名誉と正義の感覚だけに従うとき、彼らは極端に自己中心的で自己陶酔的になる。つまり、自分や周りの者の生活の心配も、家族の幸せも投げ捨てて顧みなくなるのだ。男たちは侮辱されると決闘におもむき、名誉を守るために血の最後の一滴まで振り絞って闘ったわけだが、一体なぜ、そして決闘の何が、人をそこまで引き付け魅了したのだろうか。

決闘の感情としての力

それを理解するためには、実際に闘った者や決闘を擁護した者の声に耳を傾ける必要がある。もちろん、決闘は愚かで危険で非合理的なものだと非難し、決闘を拒否した者は存在した。決闘への批判は、決闘と同じくらい古くからあったのである。一九世紀はじめには、すでに決闘の長所と短所は議論し尽くされていた。そしてその一〇〇年後には、批判は更に容赦のないものになっていた。こうした批判は、議会の議論や新聞の記事を席巻し、文学作品や宗教的な説話でも幅をきかせるようになっていたのである。集会が組織され、反決闘連盟のような協会が設立され、ヨーロッパの各国で活動していた。しかし、そうした努力にもかかわらず、決闘は社会的な実践として存続したのである。

その一因は、決闘を支える組織が力を持ち続けたことだろう。この場合の組織とは、学生団体や軍隊のことである。しかし、決闘がこうした組織の成員に強制された儀式に過ぎないと考えると、正しい答えにはたどり着けないだろう。決闘をした男たちは、その決闘が強制されたものではなく、個人的な理由によるものであることを誇りに思っていたのである。社会的な慣習としての決闘には断固として反対したマルクスでさえ、おのれの品位を示すための決闘は容認したのである。同じことはマックス・ウェーバーについても言えた。彼は特定の状況下での決闘には全面的に賛成したが、慣習に無批判に従い、ささいな動機で濫用することは非難した。[68]一八九五年、ある著名な実業家から決闘を申し込まれたウェーバーの同僚、アドルフ・ワーグナーは、この問題が抱える矛盾を雄弁に表現している。決闘は法律で禁止されていたため、ワーグナーは官吏として法を遵守する責任を感じる一方で、研究上の知己や同じ中流階層の友人が決闘に対して持つ「情熱」と「見解」に応えなければ、という強い義務感も感じていたのである。この二者が相容れないことは彼も理解していた。しかし、こうしたジレンマは、決闘を本当に深刻な名誉毀損のときだけ用いる手段とすることで、軽減することはできた。（物理攻撃や、「家族の名誉」の侵害のような）深刻な名誉毀損の場合、もはや決闘以外の対応はありえないと考えられたからである。ただしその場合は、この決闘が特例であることを強調するために、勝負の条件は極端に厳しいものでなければならないとされた。「決闘を申し込む者、受け入れる者は、喫緊の事態に直面するべきである」と、つまり命をかけるべきだとされたのである。[69]

男たちの精神地図《メンタル・マップ》の中で、死は格別の重みを持った。実際、決闘におもむく者は、対決の前夜、愛する者への別れの手紙を書き、遺言状を作成した。彼らは、自分が夜明けとともに死に直面することを良く理解していたのだ。侮辱がささいなものだった場合、（対戦者との距離や狙撃の回数、順番といった）条件はゆるめられ、リスクも軽減されていたが、それでも結果がどう転ぶかは誰にも予測できなかったのである。自分の感情でさえどう動くか分からないのだから、いわんや相手のをや、である。一八一五年にボイエンと対戦したフンボルトは、彼に本気で自分を撃つつもりがあるのか分からなかった、と後に妻に打ち明けている。ボイエンが侮辱に激怒し、決闘を「真剣に」受け止めていることは分かっていたからである。フンボルトは決闘の場で、ボイエンが注意深く正確に狙いを定める様子を目にするが、引き金を引く間際に、彼はピストルをわずかにそらせたのだ。銃声の後、フンボルトには「奇妙で独特な」感覚が残った。[70]

一八五二年、オットー・フォン・ビスマルクは自由主義派の政治家ゲオルク・フォン・フィンケに決闘を申し込むが、彼もまたそのときに似た体験をする。そもそもビスマルクは、本当にフィンケを撃って良いものか迷っていた。結局は相手を撃つことにしたが、後に義理の母に書いているように、その瞬間には「強い怒りは感じなかった」のである。また、狙いが外れたことを「不満」に思ったとも、どこか驚きをまじえながらしたためている。勝負が終わっても、ビスマルクは流血沙汰を回避できたことを陽気に祝う人びとの輪に加わる気にはなれなかった。そんなことより彼は決闘を続けたかったのである。狙撃の回数がそれぞれ一回ずつとされていたことに、「不満」と「苛立ち」を感じたのだ。しばらく経って「血が冷める」と、ようやく彼も意見を翻し、平和な結末を迎えたことを「非常にありがたく」感じるようになったのである。[71]

死を目の当たりにし、人を殺したい（または消えない傷を与えたい）という欲望と向きあう行為は、強烈な感情をともなうものだった。当事者はその感情に驚かされ、圧倒され、家族や親しい友人に打ち明けたいという衝動に駆られた。一般的に決闘の際、当事者の感情は非常にアンビバレントな筋書きに従った。一方では決闘は、強い、ときとして暴力的なまでの感情を生んだ対立を終わらせるものである。男たちが侮辱に憤り、怒ったのは、はずかしめられ屈辱を与えられたと感じたからである。ところが彼らは、同じ手段やそれ以下のやり方で報復しようとはせずに、決闘を申し込んだのである。当初の憤りや怒りは、こうして抑制されたふるまいに姿を変えることになる。第三者がまじえられ、介添人として両者を仲介することになる。決闘までに過ぎる時間もまた、心や精神をなだめた。そして決闘の場でも、対戦者は節度ある抑制された物腰でふるまうことが求められた。たとえまだ血が煮えたぎっていようとも、それを見せてはならないのである。こうした対策は全て、対立が生んだ熱を冷まし、冷静で洗練された

「文明的な」行動を可能にするためのものだった。こうして当初の怒りは、上品で抑制された態度と公正に行われる勝負に取って代わられるのである。

　他方では、決闘は必ずしも感情をともなわないわけではなく、むしろ予想外で奇妙な感情を当事者にもたらすものだった。フンボルトは恐れと不安を感じたことをほのめかしており、ビスマルクも血を見たいという欲望を感じたことを認めている。決闘の決定的瞬間の明晰さ、ある種の崇高さを生き生きと描いた者もいる。そして多くの者は、寛大で情け深くありたいという願望と、報復し我を通したいという欲求の間で引き裂かれた。ラサールは、彼の最期の決闘はただひたすら報復のためである、と女友達に打ち明けている。「この対決は決闘ではなく純粋な報復だ」と彼は書いているのである。[72] 彼は射撃の腕に自信があったので、相手が死ぬことや負傷することはあっても、自分が撃たれることはないと信じていたのである。

　しかし、人生はラサールの思い通りにはならなかった。決闘というかたちで両者が対決する限り、チャンスとリスクは公平に配分されるのである。ときには射撃初心者の学生に、老練な将校が殺害されたり負傷させられたりする場合もあったのである。どんな勝負であれ結果の予測など不可能なので、ラサールが命と引き換えに学んだように、報復の手段には不向きだったのである。

臆病者へのはずかしめ

しかし決闘は、男らしさや人としての品位を披露する舞台としてはうってつけだった。決闘をする男たちは、我こそは「名誉に生きる男」であると名乗ったが、その意味するところは、騎士道と紳士的なふるまいを重んじる真の男、というものである。一八五六年版のブリタニカ百科事典では、紳士的なふるまいとは「自尊心と知的洗練から生まれる、真の名誉の原理に統制されたもので、そうした自尊心と知的洗練は、のびやかでありながら端正な物腰にあらわれる」[73]ものであると定義されている。つまり、その人柄は温厚で、そのふるまいは人を不快にさせることはない。けれども同時に、おのれの信念や価値基準、信条のためなら立ち上がるのが名誉に生きる男なのである。そうしたものを精力的に守り、おのれが信じるもののためには命や健康を犠牲にすることも辞さないのである。言いかえれば、名誉に生きる男が臆病者であることは決してないのだ。

決闘はまさにそのことを証明するものだった。命を惜しんで危険をまねく行動から逃げた、という責めが決闘をする者に向けられることはない。彼らの行動の全てがその対極を示しているからである。彼らはその身をもって、まさに勇気の何たるかを示しているのである。そして、その方法もまた特別なものだった。名誉ある男の勇気は、怖いもの知らずの若者の無茶や無鉄砲とはちがったのである。フンボルトやボイエン、ビスマルクやフィンケのような男たちは、年齢的に三〇代後半から四〇代にあり、物を知らない命知らずからは程遠かった。むしろ彼らは多くを背負う大人であり、父や夫であり、重要な公職に就き、社会的な影響力を持つ立場にあることを自負する者だった。それでもなお、命の危険を承知の上で勇気を示す必要があると判断したのである。勇気とは、彼らにとって不屈の精神と不動の信念と同義だった。つまり彼らは、好戦的に飛び出して限界に挑んだのではなく、守るべきものを守っただけなのである。

著名な法学者ルドルフ・フォン・イェーリングが一八七二年に述べたように、おのれの信念のために立ち上がり勇敢に闘うことは、「精神的、肉体的な自己保存」のために履行するべき義務だった。男がおのれの手と力で侮辱を退ける権利を否定することは、「男らしくなく」、「もはや男の精神を持たない者」の行動だったのである。[74] 同様に、保守的な歴史学者で文筆家としても影響力を持ったハンス・デルブリュックも、決闘の「心理的基調」を次のように描写している。「まったき人であるため、人としての品位を保つためには、自らの手でおのれの信念を守る勇気がなければならない。その勇気を持つことこそが、男の名誉なのである。[75]」

トーマス・マンは、一九二四年に出版した『魔の山』の中で、こうした決闘に対する姿勢を美しく描き、鮮やかな姿を与えた。第一次世界大戦前の社会と文化がたどった軌跡を追想するこの物語では、思想的に対立する二人の登場人物、ナフタとセテムブリーニが決闘をする。主人公のハンス・カストルプは、二人は「抽象的な問題」について意見が食いちがっただけで、本当に侮辱と呼べるものなどないはずだと訴えて決闘に反対する。そうした意見の相違は個人の名誉とは関わりのないものなので、決闘に値しないと彼は考えたのだ。しかし、セテムブリーニの考えはちがった。彼にとって「精神的な問題」は非常に個人的なものだからこそ、「社会生活よりもはるかに深刻に過激に、憎悪を、絶対的な妥協のない敵対関係を生じさせる可能性」をはらむのだという。そうした問題は、決闘の「過激で深い関係」をただちに求めてやまないものなのである。そして彼は、若いハンスに決闘とは真実どのようなものなのか説く。それは「世の常の『仕組み』などではありません。決闘は最後の最後のもの、自然の原始状態への復帰です、ただ騎士的なある種の調整によっていくぶんやわらげられてはいますが、その調整はきわめて表面的なものです。要するに、決闘の本質はまったく原始的なもので、肉体と肉体の闘争です。男はだれでも、どんなに自然の状態から遠ざかっていても、いつでもその局面に応じられるように用意をしておくべきです。今日にもそういう局面に追いこまれるかもしれないのですから。理念のために自分のすべてを、腕を、血を、賭けることのできない人間は、それを口にする資格がありません。そして、どんなに精神的な存在になっても、男子であることをやめないこと、これが大切なこと」なのだという。[76]

　このパトスに満ちた一節を書いたマンは、一九一〇年、自身が描いたような事態に直面する。マンが書いた記事を侮辱と受け取った三八歳の哲学者、テオドール・レッシングが、マンにはおのれの見解を「銃口を前にしても」翻さない覚悟があるか（と何と電報で！）問いただしたのである。対応に困ったマンは義父に助言を求めた。マンの義父である数学者のアルフレート・プリングスハイムは、少なくない数の決闘を経験した人物である。リヒャルト・ワーグナーの熱烈なファンだったプリングスハイムは、音楽の趣味が合わないというだけで見ず知らずの者に暴力をふるい、当然の結果として決闘沙汰になったこともあった。しかし彼は、マンにはほとぼりを冷ますことを勧めた。レッシングの申し込みは正しい形式に則ったものではないため、応じる義務はないというのである。「理念のために自分のすべてを、腕を、血を、賭ける」覚悟などなかったマンは、ありがたくこの助言を受け入れたのである。[77]

このように、全ての論争や趣味のちがいが決闘に至ったわけではない。その衝突をめぐる状況や対立自体の知名度、当事者の人柄や感性《センシビリティ》、判断次第だったのである。二〇世紀初頭まで大陸ヨーロッパで実践され、人びとの関心を集めた名誉の文化にも、交渉や妥協の余地は十分に残されていたのである。つまり、男性の人格的高潔さが問われる争いが起きたとき、その解決方法の中でもっとも過激で全存在をかけたもの、それが決闘だったに過ぎないということである。そしてその過激さゆえに、決闘はその基底にある名誉の規範、つまり「自愛心」という強烈な感情に脚光を浴びせ際立たせたのである。この自愛心とはすなわち、利己心と自尊心、つまり自分は仲間に認められ相応の扱いを受けて然るべきだという意識と同じものなのである。

平等と集団の結束

名誉にとって、この仲間の存在は極めて重要なものである。名誉という感情的なリソースは、特定の場や社会的地位から切り離して取引や交換をすることができないものである。同じ価値観や実践を共有する社会集団にとってのみ意味を持ち、その集団の中でしか価値がないものなのである。そのため、たとえば中流階層の実業家が侮辱されたとしても、相手が労働者だった場合、本人もあまり事を荒立てることはないのである。侮辱がひどければ、加害者を法廷に引き出して罰金刑や禁固刑を受けさせることもあるかもしれない。しかしいずれにせよ、彼の個人的な名誉は無傷のままなのである。ところが、彼自身が所属する集団の人間が彼に相応の敬意を払わなかった場合には、事情はまったく別である。社会学的な表現を借りると、名誉は社会的融合の手段として機能するものだったからである。つまり、その社会集団の中で特定の行動規範を確立することで、内部で対立が発生しても、共同体そのものに損害を与えずに解消できるようにするものだったのである。

こうした社会的融合の手段が実生活の中でどのように機能したのかを理解する際にも、決闘のような極端な例は有益である。何より決闘は、当事者が対等の立場にあることを前提とする、両者の平等性を強調する社会的実践だったからである。双方は平等な条件のもとで対峙し、平等な条件のもとで対戦した。どちらもルールを遵守することに同意しているので、不意打ちは起こらない。つまり、背後から襲われることも、夜襲をかけられることもないのである。また、対戦は白昼、仲間（介添人や医師、友人）が監視する中で行われる。このような条件を設けることで、決闘をする者は、自分たちが社会的な意味で同じ世界に属する、名誉に生きる男であると主張したのである。決闘の場で対峙するということは、この主張を互いに認めて受け入れたことを示す行為だった。つまり、決闘をするという行為は、当時「名誉回復の機会を与えうる集団（satisfaktionsfähige Gesellschaft）」と呼ばれた、おのれが属する社会集団の結束力を認め、強化する行為だったのである。

そして、決闘にはそれ以上の効果もあった。決闘をする者の狙いには、仲間が互いに尊敬しあえる関係を続けられるようにすることだけでなく、対戦相手と和解することも含まれていたのである。ハイデルベルク大学の学生団体に所属していたとある学生が、このことをやや抽象的に表現している。彼にとって決闘とは「血の洗礼」であり、それを通過することで「憎しみの汚点はそそがれ、愛が敵意に勝利する」と言うのである。また、彼が付け加えるには、理性では「決してこのことは理解できないが、感情はこれが必然の真実であると知っている」[78]とのことである。この感情がどのような行動としてあらわれたのかは、数多くの例で示されている。たとえばフンボルトは、プロイセンの軍事大臣との決闘を通して、二人の関係が純粋で揺るぎのないものになったことを確信した。対戦後、彼らは「たくさんの、とても快い」会話をしたが、その会話がドナウ川にかかる橋の上でされたということの象徴的意味も、彼らは十分承知していた。[79]また、和解は当事者の死後にさえ起こり得るものだった。一八二八年、兄弟を決闘で殺されたひとりの男性が、決闘の対戦相手だった兄弟の同僚が収容されている要塞（貴人のための牢獄）への表敬訪問を申し込んでいる。同じように、決闘で息子を失った両親が、元対戦相手のために、法が定める禁固刑の情状酌量を求めることも珍しくはなかったのである。[80]

こうした共感的な行動は、名誉を感情の性向《ディスポジション》やハビトゥスとして非常に重視する社会階層の中で、決闘がいかに支持されていたのかを示すものである。しかし、この種の紳士的な名誉が価値を失ってしまった社会で育った現代の男女には、これは理解しがたいものだろう。二〇世紀のヨーロッパやアメリカでは、名誉は感情としての魅力を失い、「無意味な」ものになってしまったのである。[81]現代の大学教授や官僚、産業界や金融界の関係者は、強い名誉の感情など持っていないだろう。彼らでも、侮辱されれば多少は不快に思うだろうし、名誉棄損に対しては法的措置をとることもあるが、命がけで決闘するほどに怒ることなどないのである。つまり、それまで人を突き動かしてきた感情的なニュアンスや基調が、もはや名誉から消えてしまったのである。現在でも評判や名声、承認欲求といったものは残っているが、[82]これは一八・一九世紀には「外在的な名誉」と呼ばれたものだ。それと対となる存在である内在的な性《ディスポ》向《ジション》、「心（臓）に根ざし」血をたぎらせるものは、見たところ消えてしまったようである。

名誉の犯罪の今昔

しかし他の社会集団や文化では、名誉は今なお息づいている。今日の西洋社会でも、周縁の目立たない場所では、因習化され、強い感情をともなう名誉の実践が存在することは知られている。マフィアやマフィア関係の犯罪組織、そして若い男性のミリュー*がその良い例である。

＊「中間」、「環境」を意味するフランス語。文化的な事象を地理的・空間的に規定する環境的因子。

前者では、名誉は集団の結束力を高めるために利用されるのに対して、後者では、積極的な自己表現の一環として名誉や敬意が求められるが、そうした場合、名誉や敬意は男性の身体やその肉体的・性的能力と不可分のものなのである。[83]

非西洋社会の中にも、強い名誉の概念や感情、実践が大切にされ、ジェンダー・ロールや男性の力と関連付けられているケースはある（とはいえ、それればかりではない）。とりわけ「家族の名誉」は重大なものとして扱われるため、一族の女性が不名誉な行いをしたと非難されると、その身に攻撃と暴力が向けられることが多い。国連の報告によれば、こうした「名誉」殺人の件数は、世界的に増加傾向にあるという。[84] これは何もパキスタンやサウジアラビア、アフガニスタンといった国に限られたことではなく、パリやロンドン、ベルリンのトルコ系や北アフリカ系、南アジア系のイスラム教徒の住民が多い地区でも見られる傾向である。一般的なパターンは、一族の伝統に背く生き方をした女性が、その父親や男兄弟の手で殺害されるというものである。一族の名誉に泥を塗った罪を、女性はその命で償わされるのだ。[85]

数世代前の上流階層や中流階層のヨーロッパ人が犯した名誉犯罪と、こうした名誉殺人には何か関連性があるのだろうか。両者には明らかに重要なちがいがある。まず、決闘は自発的に行われるものであり、当事者は同意の上で対等な立場で対戦したため、これを殺人と見なすことはできない。決闘は強制されるものではなく、もろもろの理由から適切と判断されたために行われたものだった。また、当事者は平等な条件のもとで対峙した。つまり、侮辱をした側もされた側も、相手より有利な条件を求めることはなかったのである。二人とも同じ武器を使用し、同じリスクのもとで命をかけたのだ。そして、報復や計画的な殺人のように、被害者の抵抗や防衛をはなから封じるものでもなかった。それどころか、決闘は当事者の対等性を前提とし、両者の平等な関係をより確固としたものへと変える社会的な実践だったのである。このことはまた、決闘が男同士に限られたこと、それも社会的な出自が似た者同士に限られたことを意味した。つまり、男性が女性と決闘することも、社会的な地位が異なる者が決闘することも、前代未聞に等しかったのである（図2）。

図2　逆転の世界。決闘で闘う女たち（19世紀の葉書の一部分）

とはいえ、両者で問題とされている名誉の概念には、似たところもある。第一に、名誉の感情が、人を否応なく駆り立てるほどに強い力を持った点である。男性たちは、名誉をただ感じただけでなく、ただちに行動に移したのだ。第二に、そうした行動が男性だけの特権である点である。女性は名誉を失うことはあっても、おのれの手で回復することはかなわないのだ。決闘は男性だけのものであるため、逆しまの世界にでもならなければ、女性の参加はありえなかったのだ。第三に、（ときに家族の名誉と呼ばれる）女性の名誉が、常にセクシャリティと表裏一体だったことである。つまり女性の名誉は、貞節や純潔、正しいとされる性的行動と不可分のものだった。その意味するところは、複数の相手との性交渉や不貞行為は禁止されていたということである。他方、男性の名誉にはそれほど明確な性的ニュアンスはない。概して男性の名誉は、女性の名誉を守り、所有物や家族が奪われたり汚されたりしないように努めることを意味したのである。

このことは、二〇〇六年のサッカーのワールドカップ決勝戦のときに、世界の観衆の前で明らかになった。イタリア代表チームの勝利で終わることになる試合の終盤、フランス代表チームのキャプテン、ジネディーヌ・ジダンが突然イタリアの選手マルコ・マテラッツィの胸を頭突きしたのである。審判はただちにレッド・カードを出し、ジダンは退場した。ジダンがなぜそのような暴挙に出たのか、当時誰もが疑問に思った。二日後、マテラッツィは『ガゼッタ・デッロ・スポルト』紙の記事で、ジダンを侮辱したことを認めたが、何をしたのかまでは明かさなかった。さほど時間を置かず、ジダンがフランスのテレビ番組で釈明した。番組の中で彼は、「申し開きようのないジェスチャー」を目にした「二〇‐三〇億の人びと」に謝罪し、マテラッツィに対しても詫びたが、自分がしたことについては後悔していない、と述べた。それはマテラッツィに、彼の母と姉を侮辱する「非常にどぎつい言葉」を投げ付けられたからだという。「男として、ある種の言葉は挑発的な行動以上に耐えられない。あんな言葉を聞かされるくらいなら、顔を殴られた方がましだ」と彼は発言している。それから四年が過ぎても、ジダンは考えを改めようとはしなかった。スペインの『エル・パイス』紙に語ったところによれば、マテラッツィに許しを請うことは「自分の不名誉になる。死んだ方がましだ」というのである。[86]

ジダンの言葉は、一八世紀から二〇世紀のはじめに語られたものとまったく同じ種類のものである。また、ジダンが生まれ育った文化の言葉遣いとも同じものである。（ブルデューが初期の民族学的研究で調査した）カビリア地方出身のアルジェリア系移民の子だった彼にとって、名誉とは守り続けるべき社会資本であり、感情資本だった。名誉を失うことは、死よりも辛いことだったのである。侮辱と見なされた行為も、ヨーロッパの名誉に生きる男たちが心に刻んだものと酷似していた。顔を殴られること、そして何よりも家族の女性を性的に貶められることだったのである。二〇〇七年、マテラッツィはついにフィールドで彼が何を言ったのかを明かした。彼はジダンの姉を「プッターナ」、つまり売女と呼んで、彼女を良いようにするとほのめかしたのである。

もしジダンが百年前の人間で「教養ある階層」に属していたら、マテラッツィに決闘を申し込んでいただろうし、仲間は彼に賛同し、彼を支えて結束力を見せただろう。これほど「どぎつい」侮辱は、他のどんな手段をもってしても回復しえないものだからである。ところが、同じ名誉の概念を持ちながらも、それを守るためにジダンが用いた手段は同じものではなかった。教養ある階層に属さない男たちは、名誉に関わる争いを殴り合いや喧嘩で解決してきたわけだが、ジダンは彼らの例にならって直接的な物理攻撃をしたのである。もったいぶった表情で第三者に事を委ね、決闘の申し込みを任せるのではなく、加害者に殴り返すことでただちに報復したのである。[87]決闘をする者が「冷静」に行動したのに対して、彼らほど「文明的」ではない男たちは、熱くたぎる血が命じるままに行動したのである。しかし、その行動が、彼らの属する集団の中で共有される筋書きに従った、社会的な性格を持つものだった点ではどちらも同じなのである。

貞潔と家族の名誉

男性が侮辱としたものの中でも、強い関心を集めたのが女性の性的行動である。特に女性の貞潔を重視する文化では、これは男性が責任を負うべき問題とされた。ジダンの家族の出身地である地中海地域の社会も、そうした文化を持つもののひとつである。[88]また、長い一九世紀のヨーロッパ社会の性格を規定した、貴族や中流階層もそれに含まれる。社会の下層に属する人びとがはるかにゆるい行動規範に従っていたのに対して、「上流社会」は女性の「純潔」と不名誉に固執した。工場で働く若い女性労働者が婚前交渉をしても、娼婦呼ばわりされることはなかった。後に結婚する相手とだけ快楽を共にするように気を付けさえすれば良かったのである。対照的に、中流階層の未婚の娘は、全面的にセックスを控えなければならなかった。彼女の貞潔は宝物のように守られたのである。このことは、婚姻に関わる政略や、子の父親の問題と深く関わっていた。受け継ぐべき資産を多く持つ家の場合、子の父親が誰かということが、最も重要な問題だったからである。結婚前に複数の相手と性的関係を持った女性は、結婚後も信用が置けないと考えられたのである。加えて、新しく登場したロマン主義的な愛の道徳観は、女性がただひとりの相手に全てを捧げることをよしとした。そしてそうした関係は、当の女性のためにも、長期的な安定と安全が保障される婚姻関係の中で起こるべきだったのである。[89]

こうして女性の名誉は、貞潔と不可分のものになった。教育に関する論考も手引書も、法律文書も宗教的な説話も、揃って女性の「品行方正な生き方」と貞潔が深く関わりあうことを強調したのである。心と体の純潔を失った女性は「堕ちた」と見なされ、その名誉はもはや取り返しがつかないとされた。そして、これは「自然」が定めたこと、つまり文化ではなく自然の摂理とされたのである。[90]文化は、自然が指し示すところを汲んで（妻が密通した場合は、夫が密通した場合より厳しく罰するような）社会制度や法を維持しているに過ぎないとされたのである。当時の人びとは自然の摂理を引き合いに出すことで、決して自然なものではない、人為的な利害や関心に基づく道徳規範を普遍化し正当化したのである。

その結果、女性の名誉と男性の名誉は、互いに格別の、そして密接な関わりを持つものとなった。男性の名誉は「勇気と力」（グレヴェニッツ）に支えられているため、自分で自分の高潔さを守る力がないとされた女性の係累は、男性が守ってやるべきだと考えられたのである。これは騎士道精神の発想であり、また西洋文明の美点として広く賞賛されてきたものである。しかしよくよく見れば、男性が庇護者や護衛であるだけでなく、所有者や代弁者でもあったことが分かるだろう。名誉に関する言語表現やその意味論を考察すると、このことがはっきりと分かる。女性の名誉への攻撃は、何よりもその女性の夫や父親、兄弟への侮辱と同義だったのである。一九〇二年に、密通相手だった女性の夫を決闘で殺害した男性を裁いた裁判官によれば、既婚女性を誘惑する者は、その夫に「最大限の侮辱」を与えるというのである。同様に、プロイセンの法務大臣と軍事大臣は、姦夫の行いは夫の男らしさと防衛能力（Wehrhaftigkeit、闘う能力と意思の意）を否定するため、姦通は夫に対する侮辱のあらわれであるとした。[91]

初期のフェミニストによって激しく非難された「家族の名誉」という表現の根底には、このような発想があったのである。彼女らは、これが「男性の名誉の拡大版」に過ぎないことを喝破し、女性の手では傷付けることはできても取り戻せないという事実を指摘したのである。[92]興味深いことに、同様の表現は当時の法律文書でも使用された。各国の法律と習慣を尊重する一九〇七年のハーグ条約（『陸戦ノ法規慣例ニ関スル条約』）には、「家族の名誉」に関する条項が含まれている。その条文によれば、占領地の軍当局は家族の名誉を尊重しなければならないと定められている。[93]現代の人間がこの条文を読んでも、首をかしげるだけだろう。しかし当時の人びとは、この条文の意味するところを明確に理解していた。すなわち、占領地における女性のレイプは禁止されるべきだという意味だったのである。

戦時下のレイプは、特に難しい問題だった。これは、その行為が男性の名誉を傷付けるだけでなく、彼らに回復の機会を一切与えないからである。加害者は戦勝国軍の権力に守られているため、被害者は決闘を申し込むことも対戦することもできない。つまり、彼らはただ暴行を見過ごすことしかできないため、完全な無力感を味わわせられるのだ。こうした苦境は、第一次世界大戦中の「ドイツの残虐行為」を描いた、あまたのイラストやリトグラフに表現された。その大半は、ドイツ兵に強姦され無残な姿にされた女性たちを描いたものである。[94]こうした残虐行為を描いた作品は、プロパガンダの武器として利用されたが、それには二つの効果があった。これらの作品は、か弱くあらがえない女性を餌食にする加害者を非難し侮辱しただけでなく、それを傍観するフランスやベルギーの男たちの恥をさらしたのである。

レイプとセックスと国家の名誉

しかし戦時下のレイプには、見落としてはならない側面がもうひとつ存在する。敵国人の妻や娘の名誉を汚すことで傷付けられるのは、被害者の夫や父親だけではなかったのである。こうした行為は、敵国の国民全体の名誉を標的とし、害することを意図したものであり、人びとにもこの意味合いは共有されていたのだ。このように戦時下のレイプは、被害を受けた女性に屈辱を与え、その係累の男性の自尊心を傷付けただけでなく、非常に象徴的で政治的な意味合いを持ったのである。[95]これを説明するためには、近代に形作られて定着した、社会的な名誉と政治的な名誉の関係性を、記憶の中から掘り起こす必要がある。国民と国家が名誉ある存在であるという発想は、一九世紀のヨーロッパ的思考がパラダイムとして共有するものだった。そしてこの国民と国家の名誉は、「上流社会」で発達し実践された男性の名誉を意図的に模したものだったのである。たとえば、ドイツの歴史学者として、そして公共圏で積極的に発言する知識人として強い影響力を持ったハインリヒ・フォン・トライチュケは、一八八〇年代から一八九〇年代初頭に、大学で名誉毀損、賠償と敬意について情熱的な講義をしたが、その内容は、大学における名誉の文化をよく知る学生にとっては、どこまでもなじみ深い内容だっただろう。「どんな侮辱でも」と彼が言うには、「たとえそれが形式的なものだったとしても、それが国家の名誉に向けられたものである限り、国家の本質に疑いを投げかけるものなのである。」そのため、「国旗が侮辱されれば、国家は賠償を要求するべきである。賠償がなされない場合は、それがどれほどささいな理由からであれ戦争が行われるべきである。なぜなら国家には、同胞から相応の敬意が得られるよう努める他に、選択肢はないのである。[96]」戦争が国家にとっての決闘であることが示すように、明らかに「国家の名誉」と紳士の名誉には多くの共通項が存在したのである。

当時の政治状況は、国家の名誉に関するトライチュケの理解の正しさを裏付けているように思われる。一八七〇 - 七一年の普仏戦争とその前史は、名誉と恥辱の、屈辱と名誉の回復の筋書きで一般に理解されたのである。ホーエンツォレルン家によるスペインの王位奪取の試みは、フランスの名誉（honneur）への攻撃と受け取られたため、フランス政府は「紛れもない名誉回復（satisfaction éclatante）」を要求した。宰相ビスマルクのエムス電報[*]は、フランス大使への、つまりフランスそのものへの「平手打ち」と受け取られた。それに応じてパリの政府も、フランスの名誉と利益を守るためにプロイセンに宣戦布告したのである。名誉のために幾度も闘った経験を持つ宰相ビスマルクの関心事もまた、プロイセン王家の品位が落とされないようにすることだった。彼が国外のプロイセン使節団に述べたところによれば、「我々が選べるのは、戦争、または国民の名誉にとって耐えがたい侮辱、そのどちらかのみ」だったのである。[97] 四〇年後、第一次世界大戦の開戦に至る交渉もまた、同じ意味論に基づいて進められた。[98]

国家が名誉を重んじ、その回復を要求するという発想は、君主と国家を同一視した絶対王政の伝統の延長線上にあると見ることもできる。ルイ一四世もフリードリヒ二世も、君主としての名誉と彼らが体現する国家の名誉を区別することはなかった。一七六〇年の敗戦時、プロイセン国王は「屈辱的な和平条約」に署名することを頑なに拒んだ。これは、彼の「内にある名誉の衝動と感情」が、国家全体に対してその強制力と権威を発揮したことを暗に示す。[99] フランス革命以降、この君主と国家の名誉の概念は、全ての（男性の）市民を包括する国民へと、その適用される対象がはっきりと拡大された。その結果、国民のひとりひとりが、外国の政府やそれが代表する国民による名誉の毀損に対して、個人的に侮辱されたと感じることが求められ

＊一八七〇年七月、エムスに滞在中だったドイツ皇帝ヴィルヘルム一世が、スペイン王位継承問題に関してフランス大使と会談した際のことの経緯を伝える電報。ビスマルクによって意図的に内容が変更されて新聞に発表され、独仏両国の世論を刺激し、普仏戦争の発端となった。

図3　「シャルトル、1944年8月18日」（ロバート・キャパ撮影）

るようになったのである。これによって、外交にはこれまでにない切迫感と情熱が持ち込まれた。一九一四年*という年は、この情熱の威力の大きさを感じさせるものだった。名誉の言説を用いたのは、外交官だけではなかった。国民感情を奮い立たせ、ヨーロッパの人民に戦争を覚悟させるために利用されたのである。

　これはすぐさまイメージへと変換され、人びとに共有された。国家を女性として描くアレゴリーは一九世紀を通して人口に膾炙したが、その姿は戦女神へと変わり、剣を手にするようになったのである。フリードリヒ・アウグスト・カウルバッハ作の有名な絵画『ドイツ――一九一四年八月』**は、完全武装し金の髪をたなびかせるゲルマーニアの闘志に満ちた姿を描いている。「ドイツの名誉」を守るためならば、いついかなる時も、どのような場所でも、ゲルマーニアは戦場のドイツ兵を加護したのである。[100] しかし、国家のアレゴリーは嘲笑と侮辱の標的にもされたので、[101] その場合には、その像に表象される国家からは名誉も敬意も奪われることになる。そのため男たちには、軍に志願し勝利のために戦うことで、国家の名誉を守り回復することが求められたのである。カウルバッハがバイエルンで軍装のゲルマーニアを描いた頃、イギリスの海軍提督チャールズ・フィッツジェラルドは、ケント州で白羽根騎士団を創立した。この騎士団は、臆病さのシンボルとしてよく知られていた白い羽根を、軍服をまとっていない、つまり入隊していない若い男性に渡すように女性たちにうながしたのである。彼女たちの行動は相手をあからさまに侮辱するものであり、大抵は狙い通りの効果を上げたのだった。[102]

意気地の無い男は国家の名誉に害をなす存在と見なされたが、同じことは敵とのセックスを強いられた女性や、ましてや進んで体を許した女性にも言うことができた。戦争ジャーナリストのロバート・キャパは、一九四四年八月一八日、フランスのシャルトルの路上で一枚の写真を撮影した（図3）。写されたのは、髪を剃り落とされた女性が幼子を腕に抱く姿である。その子は彼女の子で、ドイツ兵との間に産まれたのだった。フランスの解放後、彼女は裏切り者として公衆の面前ではずかしめられた。彼女は女性としての名誉を失っただけでなく、フランスの男を拒みドイツ人の恋人に恩恵を与えたことで、国家の名誉を汚したからである。同胞の市民たちは、裏切り者の烙印を押すために彼女の髪を剃り落とし、怒りと嘲笑の的にしたのである。[103]

女性の名誉と国家の名誉の関連性は、ヨーロッパの全域で、デンマークやノルウェーでも、チェコスロバキアやギリシャでも見られたものである。[104]（ほとんどの場合、）ロシア兵に強姦され

＊第一次世界大戦が開戦した年。
＊＊ドイツを擬人化したアレゴリー。

たドイツ人女性は、戦争から帰還した夫に辛く当たられた。個人的に侮辱されたと感じた夫たちは、その恥辱に耐えられなかったのである。[105] 終戦後、連合国軍の兵と関係を持った女性も、国家の名誉を傷付けたと非難された。（「ドイツ軍を敗走させるのに六年もかかったのに、ドイツ女を落とすには五分で足りた」）。アメリカ兵と交際するドイツ娘《フロイライン》はリンチされ、髪を剃り落とされた。そうした女性の行動は、家族に金銭的な恩恵をもたらすものだったが、道徳に悪影響を及ぼすと憂慮された上、ドイツ人男性を侮辱するものとも受け取られたのである。[106] この種の言説は、国家の名誉をジェンダー化し、女性の名誉を国家のものとする意味論に満たされたものである。

名誉の凋落か、復活か？

こうした言説は今では過去のものなのだろうか。ジェンダーや国民、社会のとらえ方は、より個別化され、以前の時代に比べて多元的で非家父長的なものに変わったのだろうか。一九七三年、社会学者のピーター・バーガーは、「今日の風習では、名誉は純潔とほぼ同程度の位置を占めている。（中略）どちらの概念も近代的世界観においては、明らかに時代遅れの地位しか占めていない。（中略）名誉も純潔も、将校や移民の老女たちのように古くさい階級の人びとの意識の中にあるイデオロギー的な残存物と見られているぐらいが関の山である」と書いている。[107] この記述は、明らかにアメリカと、場合によっては「移民の老女たち」の出身地であるヨーロッパを念頭に置いたものである。この主張を裏付けていると考えられる論拠は存在する。ファシズムの時代に強い名誉（と貞潔）の意識を復活させようとしたドイツやイタリアのような国でも、感情や社会的な実践としての名誉はゆっくりと凋落していった上、その流れはとどまるところを知らなかったのである。これは第一次世界大戦後に加速し、第二次世界大戦後にはさらに勢いを増した社会的な変化と表裏一体のものだった。その結果、ヨーロッパの社会ははるかに平等主義的なものになり、階層社会的な要素も薄まった。近世を通して健在だった、社会階層毎に細分化された名誉の文化もその存在意義を失い、もはや当然のものではなくなったのである。特定の社会集団と密接に関わる名誉の概念に代わって、人類共通の理念として尊厳が普及しはじめたのである。

尊厳とは対照的に、名誉は非常に自己主張的で攻撃的な実践を常にともなうものだった。政治の場でも社会の中でも、名誉のためには、命や手足を失うことも珍しくない暴力的な行動をとることが求められたのである。しかし二度の壊滅的な大戦と未曾有の大量殺戮を経験した結果、ヨーロッパの人びとは、命がけで勇気の証を立てるたぐいの男性的なヒロイズムの理念を前ほど大切にはしようとはしなくなった。国家に対する義務や社会に対する責任を余計に背負うことなく、人生を大切にして楽しむ姿勢が戦後の西欧では広がったのである。

こうした変化は、排他的な名誉の実践にあくまで固執した集団や階層にさえ起きた。名誉回復の機会を与えうる集団（satisfaktionsfähige Gesellschaft）に所属する者は、その行動や態度をがんじがらめに縛られていた。「名誉に生きる男」は、儀礼的な規範や社会習慣を汲々として守り、生よりも死を尊ばざるをえなかったのである。一九六〇年代に社会的な行動規範がゆるやかになると、名誉に関わる事柄（point d'honneur）は大きな失点を喫した。しかし、その失点がもたらした解放感は、否定しようのないものでもあったのである。加えて、行動や生活の様式、マナーが個別化・多様化するに従って、かつての支配集団の影響力も削がれたのである。

　同じくらい重要なものとして、ジェンダー間の関係性が急激に変化したことが挙げられる。もはや女性たちは、貞潔と純潔こそが女性の名誉である、という抑圧的な規範に服さなくなったのだ。女性の弱さと称されるもののせいで失われ、男性の強さと称されもののおかげで回復される、家父長的な家族の名誉の概念に、女性たちは抵抗するようになったのである。一八一五年に、決闘を決意した夫に強く賛同したカロリーネ・フォン・フンボルトのような女性は、百年後の世界にはまず見かけなくなったのである。テオドール・フォンターネが一八九五年に『エフィー・ブリースト』を刊行したとき、彼は読者の反応に困惑した。誰もがエフィーと共感したからである。彼女が情事を持ち、数年後そのことが夫に露見してしまう若い女性であるにもかかわらずである。エフィーの夫は情夫に決闘を申し込み、彼を殺害した後、エフィーと離婚する。この夫の行動に賛同する読者はほとんど存在せず、著者をして同時代人の「弱い道徳観」に疑念を抱かしめたのである。[108] そして、作品が映画化された一九七四年には、道徳規範はさらに変化しており、フォンターネが持っていたような男女の名誉の観念は、ドイツの人びとの間では完全に失われていたのである。

このように、名誉が二〇世紀の西洋社会では確かに「失われた感情」である、ということを示す証拠は多い。しかしそれならば、ニコラ・サルコジの怒りにまかせた発言は、どのように理解するべきなのだろうか。ジネディーヌ・ジダンの頭突きは、都市の一部地区で発生し続ける名誉殺人は、どう考えれば良いのだろうか。そして、一九九〇年代にユーゴスラヴィアの戦争で起きたことは、どう説明すれば良いのだろうか。この戦争では、ヨーロッパを舞台とした戦場に組織的な大量強姦が持ち込まれ、男性を侮辱し民族の名誉を傷付ける手段として利用されたのである。近現代の戦争では、おおむね個人による性的暴行のかたちを取った所業が、民族浄化を推進するための戦略へと進化してしまったのだ。レイプ収容所が作られ、収容された女性を妊娠させることで、被害者の共同体の文化的・社会的な紐帯を破壊しようとしたのである。[109]

こうした事実は、一九四五年以降のヨーロッパでは、性的なニュアンスを帯びた名誉の概念は廃れた、というリベラルで進歩主義的な見解に疑問を投げかけるものである。たとえ女性が、貞潔と名誉が同一視されることを拒むようになっても、そうした発想で女性を標的にする男性の手から逃れることは不可能なのである。加えて言えば、女性の高潔さを彼女たちが所属する国家や民族のそれと重ね合わせる行為からも逃れようはないのである。かつてユーゴスラヴィアという国家が存在した地域（や、その後のアフリカ諸国のいくつか）で見られたような、暴力的な民族紛争の状況下では、いまだ女性は国家や民族の名誉の担い手や象徴として餌食にされ続けているのである。女性の性的な高潔さを汚す者は、彼女たちの保護者である男性を貶め、国の名誉を毀損することで、その民族集団に無力感を感じさせているのである。

ボスニア・ヘルツェゴヴィナで起きたことは、女性の性的解放と家父長権からの離脱をうたう、西洋の強固なナラティブ*に疑問を投げかけるものである。相対的に平和で安定した社会が存在する地域でしか、このナラティブが有効ではないように見受けられるからである。対照的に、軍国主義化が進んだ社会や紛争に引き裂かれた社会では、女性の貞潔や男性の肉体的強さに関する古い通念が投影された、ジェンダー化された名誉の観念が時を置かずに（再）導入される傾向にある。軍の将校のような「古くさい階級」が再び権力を掌握した地域では、名誉は懸案事項に返り咲いてしまうのだ。これは、「移民の老女たち」が健在の地域では特に顕著である。しかし、名誉に固執し娘や姉妹のセクシャリティを厳しく支配しようとするのは老女たちではなく、大抵は父親や兄弟である。こうして再び、家族の名誉すなわち女性の貞潔となるのだが、移民集団の中には、そうした貞潔は彼らが暮らす西洋社会の退廃的な影響力に脅かされている、と考えるものもある。こうして女性の身体をめぐって異なる文化が衝突し、名誉の代償は高いものになるのである。この代償をいつまで支払い続けなければいけないかは、今後の動向次第だろう。ゲオルク・ジンメルが理解したように、名誉が集団の内的結束を強化する手段として機能するのだとすれば、名誉が通用するのは、「我々」と「彼ら」の、内部集団と外部集団の間の境界線が強固で越えられないものである必要があるときなのである。

議論の起点に立ち戻ると、ＥＵではそうした境界線は加速度的に薄れつつある。一九四五年までは国家と国民が名誉をかけて戦ってきた舞台でありながら、今やＥＵ加盟国では、名誉は政治的概念としても、感情の性向《ディスポジション》としても「古くさい」ものになってしまっている。二〇一〇年のフランス大統領のように名誉を引き合いに出しても、人びとの困惑をまねくだけなのである。一九六九年までド・ゴール将軍が政権を維持し、国家の名誉を守るために、アルジェリアの独立を阻もうとする戦時協力体制を継続したフランスでは、まだ「名誉と祖国」という言葉に力強い響きが残っているのかもしれない。しかし、サルコジの苦悶のパトスに鼻白んだ多くのフランス人と同様、他のヨーロッパの人びとの心もまた動かされはしなかったのである。[110]

＊歴史叙述。

二章　感情のジェンダー化

失われたものも復活したものも、感情はそれぞれの社会特有の文化により、様々に異なったかたちを取る。たとえば名誉は、一九世紀のヨーロッパ社会に深く根ざした感情の性向《ディスポジション》でありながら、多様なかたちを取り、異なる実践へと変換された。社会階層や年齢、宗教や国籍によって別々の実践になったのである。その中でもっとも顕著だったのが、ジェンダーによる差異だった。名誉は男女の双方に関わるものだったが、そのあらわれ方と意味合いはあまりにもちがったのである。女性の名誉がセックスと性的行動と等価だったのに対して、男性の名誉はより社会的に複雑な意味を持ち、罵倒から平手打ちまで、多種多様な侮辱が名誉への攻撃と見なされた。しかし、もっとも深刻な侮辱はやはり性的なものであり、それは家族の女性を誘惑されることだった。そうなると、夫や兄弟や父親は真実侮辱されたと感じ、おのれの男らしさを示すために決闘を申し込んだのである。

男性の名誉にも、副次的なものとして性的な要素は存在したが、ジェンダーによる決定的なちがいがあった。第一に、男性の場合は副次的でも、女性の場合は本質的な要素だったことである。第二に、男性はおのれの名誉の所有者だったが、女性はそうではなかったことである。ひとたび傷付けられ汚された女性の名誉は、女性自身の手では回復できない。厳密には、失われた名誉は取り返しがつかないものであるため、家族の男性にも取り戻すことは不可能である。つまり、「堕落した」女性の名誉は永久に戻らず、加害者に決闘を申し込むことで守られるのは、彼ら家族の男性自身の名誉だったのである。対照的に、男性には輝かしい名誉に汚点を付けた者を黙らせ、名誉に生きる男であることを示す機会は十二分に与えられたのである。

このように名誉は、感情やそれに関わる実践がどのようにジェンダー化されたのかを示す良い例である。ナタリー・ゼーモン・デーヴィスの研究が示すように、ジェンダー間の差異という研究トピックは魅力的なものである。これはどの分野や時代にも言えることであり、彼女の研究『古文書の中のフィクション』が見事に証明したように、感情もその例外ではない。情状酌量を訴えるとき、夫を殺害した女性は、妻を殺害した男性とはちがった申し開き方をした。男性が怒りにかられて暴力的な妻に反撃したと陳述するなら、女性は苦痛と絶望を理由に挙げることを選んだのである。デーヴィスいわく、彼女たちがそうしたのは、怒りが女性には似つかわしくない弁明だったからである。たとえ女性も怒り狂うことがあり、それが正当な理由あってのことだったとしても、女性の怒りは有害なものとされたのである。女性の怒りは情動《アフェクト》というより情念《パッション》であり、そのためより長く持続する危険なものと見なされたからである。男性が熱く乾いた性質を持ち、その腹立ちが怒りと攻撃性の一過性の発作として発散されると考えられたのに対して、女性の性質は冷たく湿っていると考えられた。そのため、長期的で計画的な情念《パッション》を抱く可能性があり、それが彼女自身やその周囲の者の安寧を脅かすとされたのである。[111]

ナタリー・ゼーモン・デーヴィスが分析した弁明や酌量のための供述は一六世紀のものであり、そのため四体液説を想起させる内容であることからも分かるように、当時はまだ人の本質については古代の概念がなじみ深いものだった。それでは、そうした参照系が徐々に忘却されると何が起こっただろうか。一七世紀以降に発達した近代科学は、男女の性やその気質、特性のとらえ方をどのように変えたのだろうか。近代科学は、男女の情動や情念《パッション》、情動《アフェクト》や感傷《センチメント》、そして欲求《アペタイト》について、何を明らかにしたのだろうか。そしてそうした新しい知識は、社会規範や実践をどのように規定したのだろうか。

怒りと侮辱

こうした問いの答えを探すときに良い出発点になるのは百科事典である。一八世紀初頭に刊行がはじまった百科事典は、まさにあらゆる問題について公衆に情報を提供することを目的としたものである。その対象には技術革新から道徳哲学的な議論まで含まれた。百科事典は、実証研究と形而上学的思弁の全領域で生み出された知識を編纂したものだったのである。これは読者を啓蒙し、教養人と科学者が自然と文化について発見したものに、彼らが慣れ親しむことができるようにするためだった。また同時に、そうした知識の内、特定の形式や内容のものを正典化し（その他のものの信頼性を低め）たのである。とはいえ百科事典は、知識の生産のダイナミズムと歩を合わせるものだった。それ以前の事典類とは異なり、有名なブリタニカやドイツのブロックハウス百科事典は次々と多くの版を重ねることで、手に入る知識の急速な増加と更新に対応したのである。

　最古のドイツ語の百科事典*は一七三四年から一七五四年にかけて刊行された。全六八巻二八八〇〇項目の同書は、当時の百科事典刊行プロジェクトとしてはもっとも包括的なものだった。一七五〇年に出版されたその第六三巻には、三五段もの長さの怒り（Zorn）についての項目が設けてある。そのうち四〇パーセントは神の怒りについて、残りの六〇パーセントは人間の怒りについての説明である。定義は特定のジェンダーには言及していない。「怒り、ラテン語でIraとは、ある者が直接または間接的に（その者が気にかけている者により）侮辱されたと感じるときにあらわれる情動《アフェクト》である。この情動《アフェクト》は受けた害悪を退けることを目的とする。[112]」怒りが情念《パッション》ではなく情動《アフェクト》とされている点は注目に値する。情動《アフェクト》は、被害者が行動を起こして抵抗し、「害悪」を及ぼす力をはねのけることを可能にする。怒りや憤りは、明らかに人を奮い立たせて力を与えるものなのである。これは、怒りは自己表出的であり、人を強く突き動かすと考える、今日の心理学者も認めるところである。彼らも、人のエネルギーを減退させて気力を削ぐ弱性の情動と対比して、怒りを強力な、もしくは強性の情動と呼んでいるのだ。[113]

では、ジェンダーはどこにいったのだろうか。一七五〇年の定義では、男女のどちらにも言及されていないが、意味論的にはそうとは言えない。「侮辱されたと感じる」場合について同時代人が論じるということ自体が、暗に特定のジェンダーを示唆しているのだ。当時、侮辱の標的は人の名誉と決まっていた上、男性は女性に比べて様々な局面や立場で名誉と関わったのである。侮辱を感じた男性は反撃しなければならず、そうしなかった場合は臆病者の烙印を押され、男らしくないとあなどられた。つまり男性は、強固な意思を示すことができるほど良いとされたのである。ここまでくれば、怒りがあからさまに男性的な特質を帯びていることは見て取れるだろう。そのことは、一八二七年のある百科事典に収録された項目が、怒りを「腹立ちの情動《アフェクト》の男性的で精力的な発露」と記述していることからも分かる。[114]ロマン主義の作家フリードリヒ・シュレーゲルの見解も同様で、彼は怒りを男らしさと結び付けている。女性は「怒りについて無知だ」が、「気高い精神を持つ女性は怒ることができる、すなわち男性的なのだ」と彼は主張したのである。[115]シュレーゲルの友人、ノヴァーリスもまた彼にならい、女性（les femmes）については力弱さがその特色であると考えた。[116]おのれのために力強く行動する能力に

＊ヨハン・ハインリヒ・ツェドラー編『全科学芸術万有百科大事典』（一七三四－五四年）。

欠けたか弱い生き物には、活発な感情、とりわけ怒りは手の届かないものだったのだ。か弱さこそが女らしさの定義であり、特色であるとされたのである。「弱き者、汝の名は女なり」とイマニュエル・カントは一七九八年に記し、当時人気を博した百科事典もまた、それに迷うことなく同意したのである。[117]

力と自制

しかし弱さという言葉で連想されるのは、肉体的な強さの欠如だけではない。弱さはまた、精神的、社会的な力の欠如を示唆するものでもある。古代以来、怒りは強者の特質と見なされてきた。怒りは頂点に立つものだけに許され、実践されるものだった。他者におのれの怒りを感じさせられるのは、強者だけだったからである。こうした社会的な属性の名残は、ドイツの教育者ヨハン・ベルンハルト・バゼドウが一七七〇年代に著し、高く評価された『入門書』に見ることができる。この著作は、「高等教育を受ける年齢」に達する前の少年をどう教育するべきか、両親や公共の学校の教師、家庭教師に指南するものである。バゼドウは、年若い教え子たちに怒りをつつしむよう強く説いている。「貴族や高い地位にある男たちがしばしば心のままに怒るからと、怒りが君の名声を助けるとは思ってはならない。」彼のような教育改革者に言わせれば、怒りは社会的信用をもたらすものではなく、むしろ怒る者を人前で貶めるものなのである。教訓的な話として、彼は瓶を割ったメイドに怒り狂う女性の例を挙げている（図

4)。「彼女の身振りは何といとわしく、不快なことだろう！」彼女は権力をふるうどころか、「無力な」子供さながらの滑稽な姿をさらしてしまっている。子供の怒りなど「笑い事に過ぎない」のである。[118]

　怒りの意味論のジェンダー化には、また別の側面もある。近世に端を発し、一八・一九世紀にピークを迎えたもののひとつに、ヨーロッパ社会における情動《アフェクト》の調節への関心の高まりがある。感情を持ちそれを見せることは当然とされたが、そうした感情は和らげられ、十分に調整された状態で表に出されるべきだと考えられたのである。怒りにおのれの心と行動を支配されることは、不適切で無分別で粗野と見なされた。情動《アフェクト》と情念《パッション》を人に見せ、むき出しの力に訴えるのではなく、苛立ちをなだめ怒りを抑える必要があったのだ。「少なくとも自分の怒りを制し、それ以上の不幸をまねきかねない言葉や行動は回避できる」ようでなければならなかったのである。そして教養と洗練の度合いが進むほどに、こうした情念《パッション》の抑制に長けているとされた。[119]

図4　バゼドウ『入門書』より。「女の激しい怒りと、そのとばっちりを受けたティー・テーブルと鏡、うっかり嘲笑を見せる使用人」

　ここでの言葉遣いは、はっきりと明確に特定のジェンダーを想定したものである。自律は、成人男性にしかできないと考えられていたのである。女子供の精神には、意思の強さも規律も欠けているため、情動《アフェクト》の加減は無理だと見なされていた。実際に女性の体質が、ノヴァーリスらの考えのように繊細であったとしたら、感情の抑制や調整をする力などないはずなのである。ルイ一四世の侍医だったマラン・キュロー・ド・ラ・シャンブルは、一七世紀中頃、医学的な専門知識に基づいて次のように述べている。「その体質のため、若者や女性は強い精神を持たず、そのために自身の情念《パッション》にあらがうには多大な力をそそがねばならない。」そうした努力は大抵の場合徒労に終わり、女性（と子供）は抑えきれない怒りに翻弄されたのである。[120]

女性の強さ、女性の弱さ

これはパラドックスである。一方では、当事者に力を与える効果を確かに持つ感情が、女性にもあると認められている。キュロー・ド・ラ・シャンブルが記したように、女性の抑えの効かない怒りは、「とどめようのない、言葉と脅しのあふれる奔流」の姿を取った。ここでは女性は、相手を罵り威圧する力強い存在として登場している。たとえその攻撃が言葉によるものだけで、物理攻撃はともなわないとしてもである。このように怒りは、女性の弱さを強さに変えるのである。他方では、こうした強さはいくつかの理由から次第に不適切なものと見なされるようになった。第一に、特に母親の怒りは、子に害しか与えないと考えられたのである。当時支配的だった医学的な見解によれば、怒りを心に宿す母親が授乳すると、子の健康が脅かされるのである。酸っぱくなった母乳が赤子の痙攣を引き起こし、結果として死に至らしめるというのだ。[121]

第二に女性の強さは、社会的・文化的実践の複雑なシステムが一八世紀以来大切に守り続けてきた、ジェンダー的特性に関するイデオロギーを否定するものだった。このイデオロギーによれば、女性は受動的、男性は能動的な性である。しかし女性の受動性は、怒りのような活発な感情とは相容れないものである。むしろ受動性からくる「無力感」は、怒りという言葉で形容される憤りの感傷《センチメント》をなだめて、受け入れさせてしまうものだった。一八四二年に『マイヤー百科事典』が説明したところによれば、怒りは「ずさんな教育」によって甘やかされた、「神経質で短気な」人びとの間で主に見られるもので、多くの場合は「腹部の不快感」をともなうものである。同時代人的解釈によれば、こうした特徴は全て女性とそのジェンダーの「特質」に関わるものだったのである。[122]

第三に、キュロー・ド・ラ・シャンブルが描写したような女性の怒りは、ふるまいの文明化という、一九世紀の終わりまで共有された社会通念に抵触するものだった。自制と「合理的な」行動は、ブルジョワに求められる資質と美徳の中でも抜きん出た重みを持っていたのである。おのれの情念《パッション》にあらがえない女性は、その結果、二重の意味で周縁に追いやられた。女らしさがないとされた上に、粗野とも見なされたのである。男性の場合は、状況は少々異なった。彼らもまた、強く圧倒的な感情は抑えて然るべきだ、という期待には応えなければならなかった。でなければ、自分が属する社会階層や受けた教育を裏切ることになる。「教育された教養ある」人間らしくふるまうどころか、「野生の粗野な生き物」さながらになってしまうからである。[123] しかし、同時に彼らには、同時代人の言う「崇高な怒り」なら示すことが許されていた。これは、悪徳に対する義憤から生まれ、結果として不正を退け「弱きを守る」怒りである。この場合、心の重荷をはねのけるために怒ることは、正しいことである上に善行にもつながるのである。[124]

怒りには道徳的な要素が含まれるため、「合理的な」ものと見なすことができるという考えは、今日の心理学者や哲学者だけでなく、彼らの一九世紀の同僚も等しく認めるところである。[125] 一九世紀から変化したのは、ジェンダーとの関係性である。当時の記述は、そうした崇高な怒りは男性特有のものであるとしたが、近年の百科事典ではジェンダーへの言及は皆無である。[126] では、怒りや憤りは、現在では事実ジェンダー的に中立になったかといえば、そうではない。世間一般に受け入れられているものの見方には、「怒りは『男性的な』感情なので、女性は怒らないし、もし怒ったとしてもそれを見せない」という含みがいまだ残る。女性が怒りを感じてもちがったかたちで表現されるのだ。「男性はよくものを殴ったり投げたりするが、女性はそうするよりも泣くことが多いのである。」こうしたジェンダー差に関する通念は道徳規範的な色彩が強く、求められる資質や行動規範、そして「感情表現のルール」として制度化されている。女性が心のままに激昂したときに「気まずく」感じるのは、社会的な規範に抵触したからなのである。[127] 調査によれば、西洋社会の女性は男性よりも高い頻度で笑顔を見せる。反対に

「男性が怒りをあらわす姿は女性に比べて珍しいものではなく、一般的に許容されやすいと報告されている。[128]」

このように、感情行動におけるステレオタイプ化された男らしさと女らしさは健在であり、広く受け入れられている。こうしたステレオタイプは、感情行動の理解や評価をパターン化するだけでなく、男女が感情をどのように感じて表現するかにも影響を及ぼしている。今日の心理学者の所見によれば、女性が怒りを表現する方法として多いのは涙を流すことである。ここでは涙は、絶望や悲嘆や悲しみを、つまり受動的で自己言及的で弱性と形容される情動をあらわしている。これは、女性をか弱く無力な存在とした一九世紀的な通念とぴたりと符合するものである。怒りのために涙が流されるとき、攻撃性は内に向けられ、ストレートに外に出されることはない。（とはいえ、悲しみを女性に感じさせたことで罪悪感を感じて然るべき対象が、外部に存在することもあるだろう。）

西洋社会の女性が、男性に比べて四〜五倍ひんぱんに涙を流す（だけでなく、長時間シクシクと泣くという点でも異なる）という既定の事実は、生物学的な差異とはまったく無関係である。[129]これはむしろ、社会規範や習慣や伝統を照らし出す、文化的な事象なのである。いわば学習プロセスの産物であり、遺伝的なプログラムがもたらしたものではないのだ。涙を流すための生物学的・神経学的器官には男女の差はないが、その使い方が異なるのである。

この知見は、「ジェンダーと感情」がはじめて公共の場で議論された、近世という時代へと我々を立ち戻らせるものだ。それ以前の情動《アフェクト》と情念《パッション》についての学説では、ジェンダーの問題は明らかに不在だった。しかし一六六一年、フランスのある修辞学アカデミーが、「女性の情念《パッション》は男性のそれよりも強いか」という論文題目を提示したのである。これに応じて論文を提出した者の間には、一致した見解はなかった。主題を正面から否定する者もいれば肯定する者もいたのである。しかし厳密に言えば、どの参加者も男女がそれぞれ感情をどのように経験するかという問題には、さほど関心を払わなかった。むしろ、感じたものをどう扱い表現するかに注目したのである。[130]

これには理由がある。強いものであれ弱いものであれ、一過性のものであれ持続的なものであれ、ある感情に動かされたとき、人に何が「本当に」起きているのかを解明することは不可能だと考えられていたのである。一方では、人の体や魂、またはその双方の中で起きていることに関する、当時の医学的な知識は非常に思弁的であり、何より人の反応の観察に基づくものだった。つまり外観の変化から、観察者は「中」の状態を正しく推測できると考えられていたのである。この方法によれば、行動は体質を反映し、体質は体液の特定の混ざりあい具合を示唆することになる。他方では、行動は社会規範や権力関係に応じて変化すると考えられた。近代以前の社会は厳格に階層化されていたので、人びとが強い関心を払ったのは、地位のちがいが象徴的行為や日常的所作としてどう表現されるかという問題だったのである。同様に、情念《パッション》と情動《アフェクト》も非常に複雑な規範に則って表現されたが、その規範は、第一に社会的な地位や身分によって、第二にジェンダーによって異なったのである。

近代社会と自然の秩序

一八世紀にはじまった近代社会では、この順番は根本的に逆転した。社会的な地位が流動化したのに対して、ジェンダー差は自然に由来すると見なされるようになったのである。また、全ての男性が（おおむね）平等とされたのに対して、男女は決して平等ではないと考えられるようになった。そして男女の不平等は自然が定めたものであるため、永遠に変わらないとされたのだ。それに比べて社会的な地位の開きは、変わることもあれば改善されることもある。アンシャン・レジーム*の廃止後、すくなくとも理論的には、どんな貧しい農民でも社会的に上昇し、裕福な実業家や医師になることが可能になったのである。こうした社会的な流動性は、近代社会において信奉される価値のひとつとなり、実力主義もまたそこに並んだ。対照的に、女性が男性になることは、自然の理《ことわり》に照らして絶対に不可能とされたのだ！

近代の科学者が発見し検証した自然の秩序によれば、明らかに本質的に異なる感情が男女に与えられたという。生物学と医学の知見は、そうした感情が本当に存在することを、つまり社会的に規定された感情表現のルールや正典化された行動規範とはまったく無関係の自然の事象

＊一七八九年の革命以前のフランスの政治・経済・社会体制。

であることを躍起になって証明しようとした。しかし現実はその逆だったようである。近代社会では、女性（と男性）が自然から与えられた能力と性質に合わせたやり方で、それらをさらに伸ばす完璧な方法なるものが考案されたというのである。つまり、ヨーロッパで一八世紀後半から加速度的に発展したような市民社会では、自然と文化は相克するどころか見事に連携してみせたのである。

より詳しく言えば、この自然と文化の調和は、中流階層が主体となって成しとげたものと考えられている。貴族の洗練がゆき過ぎている一方で、農民や社会の下層に属する人びとは「自然状態」の動物的な「本能」や「肉体の衝動」、「欲望」に支配されがちなのである。フランスの哲学者ジャン＝ジャック・ルソーによれば、「社会状態」に進み、「社会契約」を結べる「市民」になるためには、男性はおのれの感情を気高いものに変えなければならない。そうした市民は「自然の」傾向に支配されてはならず、また感じてもいない「感情をもてあそぶ」だけの、わざとらしく技巧的な「言語」に長けるようになってもだめなのだ。ルソーの見解に従えば、精神教育と市民教育とは、男性を肉体的で動物的なものを超越した存在へと引き上げつつも、てらいや偽りは最低限にとどめることにつきたのである。つまり、男性の中の自然と文化のバランスを正しく取ることを意味したのである。[131]

それでは、女性にとっての自然と「社会状態」はどうなのだろうか。この点については、ルソーは男性の場合ほどには関心を払っていない。彼が一七六二年に発表した有名な教育論『エミール』では、主人公エミールと相性の良い相手を登場させる必要があったので、一章を女性の教育に割いている。しかし、その女性であるソフィーの教育はまったく異なった軌跡をたどるのである。ルソーいわく、市民社会には女性の居場所はないからである。女性はただ男性に喜びをもたらし、その役に立つために存在するのだ。男性が女性に頼る以上に女性は男性に依存するので、女性のふるまいは男性の感傷《センチメント》に訴え、好ましいと判断されるものでなければならない。そのため女子教育は、制約と命令に従うことに早期から慣らすものである必要があった。女の子はかんしゃくを起こさず、他の者の意向に従うようにしつけなければならないのだ。女性がもっとも大切にするべきは貞潔、そしてつつしみだったのである。そうすれば彼女の内なる感情は、彼女が夫に従順で忠実な妻になり、子を慈しむ母になるように導いてくれるという。[132]

以上が、ルソーの考える感情のジェンダー的特性とジェンダー間の関係性を端的にまとめたものである。こうした発想を何らかのかたちで共有する哲学者や神学者、教育者や医師の数は非常に多かった。そして一八世紀の末以降、学校のカリキュラムや説話、手引書や教育書、医学書の中で、彼らはその教えを繰り返し説くようになったのである。教育書も小説も指南や提案にあふれ、男女がそれぞれにどのようにふるまうべきか教え諭したのだ。そのどれもが根拠としたのは、自然の理《ことわり》である。その説くところによれば、自然は男女の肉体と精神の作りに「根本的なちがい」を設けた。子を産むことが女性の自然の定めであるため、女性の肢体は男性のものより華奢で、神経は非常に感じやすく、感情は弱く不安定なのだ。「女性らしさとして賞賛されるものは」「どれも卵巣への従属に過ぎない」と、著名な病理学者ルドルフ・ウィルヒョーは一八四八年に述べている。男性に比べてはるかに高い度合いで、女性は生殖器官に支配されていると考えられたのだ。「特有の人類学」が発達したのはその結果であり、それは後に婦人科医学という独立した専門分野になった。二〇世紀初頭には、婦人科医は当時の社会における女性の地位も含めた、女性が関わる問題全般に関する「当然（自然）の」権威であると主張できる立場になったのである。[133]

このように、自然の手ですでに定められたものとして、女性と男性の存在意義と地位は規定されたのである。このことは、男性の特権を正当化するにとどまらず、高等教育や専門職、選挙権から女性を締め出す規制も正当化したのである。しかし自然はまた、とらえどころのない概念でもある。「野卑な自然状態では」とカントが（ルソーにならって）主張するところによれば、女性「特有の本性」は認められないのだ。林檎や梨のように、育成されてこそそうした特質は発現するのである。[134] 自然に近いと考えられた社会集団や階層は、しばしばそうした教育の欠如を露呈しては教養人を当惑させた。たいていの場合、自然状態とは荒々しさと粗暴さを想起させるものだったが、これらは市民社会や文明化された人間にとって不適切とされるものだった。文明の歴史が進むとともに、進歩は人びとの洗練されたふるまいと自制心にあらわれるとされた。また、女性特有の性質の存在を認め、男女の行動範囲を明確に分離し、双方の性に等しい敬意を払う世界もまた、そうした進歩を体現するとされた。一八〇〇年頃には、そうした世界はすでに作られつつあるように思われた。ヨーロッパ各地の都市で予見され、そして次第に実現されつつあった市民社会は、「自然の声」を正しく理解し、近代的な表現様式へと変換しおおせたと考えられたのである。

ジェンダーの感情局所解剖図《トポグラフィー》

この自然の声は、ジェンダーと感情について何と述べたのだろうか。その伝えるところは、さほど明確でも具体的でもなかった。一般的には、女性は敏感《センシティブ》な性とされ、男性は「創造的な精神」を持つため、理性や分析・考察・抽象化をする能力を重んじると考えられていた。反対に女性は、非常に感じやすく、あらゆる感傷《センチメント》や「自然な感情」に影響される。男性には「冷静な判断」が可能であり、女性には温かく共感し穏やかな優しさを与えることが向いているというのである。男性の特質が、ある種の「厳しさや苛烈さ」を示すのに対して、女性の特質はあくまで穏やかで情け深いものだった。[135] 男性もまた共感《シンパシー》や同情《コンパッション》のような穏やかな感情を宿すことができたが、たいていは「熱い情念《パッション》」にとらわれているため、一見厳しく、人の悩みや苦しみに鈍感なように見えるとされた。さらに、日々の諸事や生業に苛立ち苦しんでいるため、血がかき乱されているというのである。反対に女性にとっては、穏やかで人当たり良く陽気でいるのはたやすいことだった。大きな影響力を持った教育家、ヨアヒム・ハインリヒ・カンペが一七八九年に考察したように、女性が明るい気質を涵養できるのは、その肉体的な性質のおかげとされた。か弱く繊細な神経には、強く深い感情への耐性が男性ほどないため、結果として、男性にありがちな辛く陰気な感傷《センチメント》にはおちいりにくいとされたのだ。こうして女性の心があっさりと不快から快の感情へ動くのに対して、男性は情念《パッション》をずっと長く抱え込むとされたのである。[136]

女性が浅はかで気まぐれ、不安定で分別もないという通念は、ジェンダーを人類学的に局所解剖《トポグラフィー》して精密に描写することを試みたルソーやカンペ、カントのような者の間で広く共有されていた。しかし、見解の相違も相当見られたのである。ルソーによれば、女性は受動的で弱い性質を持つため、むき出しの情念《パッション》や肉欲《ラスト》、欲望《ディザイア》に対して無防備だった。情念《パッション》は外界で発生し人に襲いかかるものとされていたので、まっさきに餌食にされると考えられたのは女性だったのである。反対に、強く能動的な男性の場合は、はるかにたやすく情念《パッション》にあらがい、抑えることができるのだ。数十年後のカントの考察も、この見解への同意を示している。男性は理性があるために情念《パッション》を抑えて支配することができる、と彼は繰り返し強調している。情念《パッション》自体、男性に特有のものとして紹介され、持続的で理性に透徹されたものと定義されている。それに対し女性は（一過性のもので理性に欠ける）情動《アフェクト》におぼれるものとされたのである。[137]

しかしこの区別を、男性は熱く怒りっぽい気質を持つことが多い、とするカンペの省察と両立させるにはどうすれば良いのだろうか。女性が先天的に穏やかで優しいとする見解は、情動《アフェクト》におぼれやすく浅はかで気まぐれだとする発想と調和できるのだろうか。女性は天性の傾向として「ゆっくりとした、隠れて内向的な」感情を持つという記述は、「絶えず川床を深く削り取る大河の流れ」にたとえられるカントの情念《パッション》の概念と明らかに似ているが、これはどう説明するのだろうか。また、一八二四年に「男性は音高く欲望《ディザイア》を爆発させるが、女性は静かな切望《ロンギング》におぼれる」と述べた匿名の著者とルソーの間の見解のあからさまな矛盾は、どのように解決すべきなのだろうか。[138]

哲学者や教育家、医師や評論家にとって、情動《アフェクト》と情念《パッション》のジェンダー化は紛う方なき難問だった。彼らの見解がばらばらになった主な原因は、非常に多様で複雑な様相を見せる感情の世界にあった。たとえば情動《アフェクト》や情念《パッション》だけでなく、感情の世界には、欲求《アペタイト》や欲望《ディザイア》、衝動《ドライブ》や感傷《センチメント》、感動《センセーション》や気質《ユーモア》、気分《ムード》といったものもあったのである。これらをひとつひとつ定義し、ジェンダーとの関連性を検証する作業は、カントにさえ荷が重かったのだ。とはいえ、彼は最善をつくした。同時代の感性《センシビリティ》の流行については、彼もまた多くの同時代人にならって、正しいものと誤ったものに区別したのである。「良い」感性《センシビリティ》とは、適切な判断をともなう「男性的」なもので、逆に「悪い」神経質さ（Empfindelei）とは、弱さそのものであり、「軟弱であり子供じみ」たものだった。後者が悪とされたのは、「他人の状態に同情してしまい」「ただひたすら受け身に」影響されるがままになるからである。[139]そして前述のように、この受動性は明らかに女性と関わりが深いものなのである。

図5　ダニエル・ホドヴィエツキによる挿絵付きの『若きウェルテルの悩み』の扉絵

感性《センシビリティ》

感性《センシビリティ》に批判的な立場をとる者が、男性に有害だと見なしたのも、この受動性だった。感傷《センチメンタル》小説におぼれ、踏みにじられた花やとらわれの蝶に涙する男性は非難の対象になったのである。ところが実際には、サミュエル・リチャードソンの『パミラ』（一七四〇年）や『クラリッサ』（一七四八年）、ルソーの『ジュリーまたは新エロイーズ』（一七六一年）やヨハン・ヴォルフガング・ゲーテの『若きウェルテルの悩み』（一七七四年）の他にも多々刊行された小説は、数多くの熱心な読者を得た（図5）。男性も女性もヒーローやヒロインに感情移入し、その悲運に涙したのである。[140] ところが、そうした感情への耽溺は男らしさを損ね、男たちを女々しく、「意気地なし」に変えると憂慮されたのである。そのため賢明な父親ならば、『ウェルテル』の猛威を食い止め、真の男や「有用な市民」たる道を息子に示して然るべきとされた。すなわち、「痛みに耐え、困難に打ち勝ち、危険をおかす、一言で言えば、おのれの肉と血の欲求に勝利すること」を、男性は学ぶ必要があるとされたのである。そしてカントの言う悪い感性《センシビリティ》、つまり女性的な優しさや涙もろさは、公職への就任とは相容れないものだった。職務を果たすには「理性、謹厳、勇気と剛気」、つまり真の男らしさが求められたからである。[141]

こうして男性は、徐々に感性《センシビリティ》から距離を置くようになった。一九世紀の文筆家は、感《センシビ》性《リティ》をほぼ全面的に女性とだけ結び付け、「女性の心のもっとも尊い資質のひとつ」と定義するようになったのである。それでも彼らも、感性《センシビリティ》と敏感さ《センシティビティ》を、言いかえれば「熱狂的感情」や「感覚器官の異常な興奮」と取りちがえてはならないと警告している。特に女性の感情は男性に比べて活発で鋭敏であるため、理性と思考のフィルターを通す必要があるというのである。女性の特性と美徳に関するカントの記述が述べるように、敏感《センシティブ》であるだけでは動物と同列であるため不十分だったのである。そして人間らしくあるには、ジェーン・オースティンを引き合いに出すなら、分別《センス》を感性《センシビリティ》で補わなければならないのだ。[142]

女性も理性をまったく持たないわけではないものの、より低次元で受動的な感情に本質的に縛られると考えられた。「感じやすさ、興奮しやすさ、同情《コンパッション》、忍耐と気高いか弱さが女性の感傷《センチメント》の源泉である」と、ある百科事典*の著者は一八三五年に述べている。男女の感情が基本的には同じでも、それぞれの「生活様式」がかけ離れているために「ちがう感じ方をする」ようになるのである。女性の感情は破壊的な傾向が弱く、より繊細で穏やかなのである。[143]恥じらいのような感情は、男性よりも女性に似つかわしいとされ、逆に怒りは女性本来のつつしみと繊細さをゆがめるとされたのだった。女性は「愛と恥じらいを体現し」、男性は「名誉」を体

＊カール・ヘルロースゾーン編『婦人百科事典』（一八三四－三八年）。

現する、と『ブロックハウス百科事典』は一八五〇年代に述べている。言いかえれば、「男性は怒りや苛立ち、憤怒に、女性は欺瞞や嫉妬、憂鬱に勝てない」のである。[144]

ルソーやカントの時代以降事細かに議論されてきた、感情の面でのジェンダー的特性や差異は、一九世紀の終わりまで驚くほど変化しなかった。女性のみを取り扱う「特有の人類学」は、男性を研究対象とする一般的な学術研究に比べて、感情や感傷《センチメント》、情動《アフェクト》や情念《パッション》を取り上げることが多かった。一八三七年に刊行された一般向けの絵入り百科事典では、優雅さ、優しさ、忍耐、気立ての良さ、恥じらいや「勘の鋭さ」といった美点は女性のものとされた。しかし「理性、意思の強さ、大胆さ」については、女性は男性の後背にまわった。一九〇四年の版は、「女性は感情と感傷的《センチメンタル》な思考に、男性は知性と理性に支配される」と簡潔に述べている。[145]

では、男性は完全に理性的な存在かといえば、そうではない。彼らには理性と思慮に基づいて判断し行動することが求められていたものの、感情を完全に捨て去ることは賢明ではないとされたのである。そうすることは、感情に流されることと同じくらい問題だと考えられたのである。たとえば一八八四年の『ブロックハウス百科事典』では、「健康で男らしい性格」には「あらゆる高尚な感情を感じ、受け入れる能力」が必要であると述べられている。「これは、そうした感情が何に関わるものなのかをはっきりさせようとする姿勢をともなう。そうした感情を感じ受け入れることができない者は、鈍感で無神経と評価されるのである。」[146]

鈍感で無神経という評価は、中流階層の男性の望むところではなかった。それは「育ちの悪さや窮乏、下賤な品行」からくる「自然状態の粗野さ」や、「過剰な、または過度に洗練された歓楽」にともなって人に備わることの多い、素っ気なさやうぬぼれを想起させるものだったからである。この負の両極を回避するために、教養あるブルジョワの男性は「高尚な感情」を涵養することを選んだのである。そうすることで、思考と行動を感情に支配される、男らしさに欠けた感情人間（Gefühlsmensch）と見なされずに済み、もう一方の陣営、すなわち「冷たく」計算づくの理性人間（Verstandsmensch）と見なされることも避けられるのだ。[147] すでに一七九五年には、フリードリヒ・シュレーゲルが「穏やかな男らしさ」（と自立した女らしさ）の必要性を訴えている。[148] この穏やかな男らしさがただ褒めそやされ広められただけでなく、事実、実践されたのである。

ロマン主義的《ロマンチック》な家庭と情念《パッション》に満ちた政治

とりわけ一九世紀の前半、多くの医師や弁護士、実業家たちは家庭の幸福を追い求めてやまず、妻や子供たちを慈しんだ。彼らは熱烈な恋に落ちては、「ロマン主義的《ロマンチック》な愛の恍惚」を雄弁に語ったのである。それまでは女性こそが愛の番人であるとされていたが、男性もまた情熱的で燃えるような言葉と行動で愛を語り実践するようになったのである。家庭は親密な聖域に等しいものとされ、心からの愛情と偽りのない感情の楽園として思い描かれるようになったのである。信仰の儀式もまた、家庭の中では男女の別なく執り行われた。女性の方が涙もろく、次々と新しい感情を生み出したが、夫たちもまたそれに嬉々として付き合った。私的領域でのキリスト教信仰が非常に強い感情をはらむ社会的実践へと発達するにつれて、祈禱や聖歌の斉唱、聖書の朗読といった儀式には、どちらのジェンダーも参加するようになったのである。[149]

こうした幸福な家族の賛美をゆき過ぎだと考える者もいた。すでに一八一〇年には、フランス貴族のド・スタール夫人が、愛を「宗教」や「ある種の世俗的礼拝」に変えてしまう、ドイツの（プロテスタントの）慣習を半ば批判している。[150] 一八四六年には、自由主義派の研究者で政治家のカール・ヴェルッカーが、ドイツの中流階層が信奉する「獣じみた家族愛」を笑い草にしている。彼にはこれが国の政治文化に対する脅威に思えたからである。男性の感情が私的領域と家庭の幸福にそそがれると、公共の領域から足が遠のくというのである。ドイツの小市民（Spießbürger）や官吏は、市民や代議士、立法者としての「至高にして神聖なる義務」を果たすよりも、義務をなげうって家庭愛の祭壇にひざまずくことを選ぶというのである。こうなると憂国の政治の甲斐なく祖国は柔弱になり、異国の支配と内政の荒廃をまねくばかりだというのだ。[151] 同様に、自由主義的なナショナリストたちによる一八一七年のヴァルトブルク祭に学生として参加した経験を持つ、大学教授のカール・ヘルマン・シャイドラーは、「ドイツ的安らぎ（Gemüthlichkeit）の暗黒面」について後年、苦言を呈している。彼がその独特な共同体意識と居心地の良さをはじめて見出したのは、（彼が往年参加したものとは変わってしまった）当時の学生団体で、その次が他の何よりも理想化された「家庭の小さな世界」だった。そのどちらも不可避的に「政治的無関心」と、社会活動に巻き込まれることを億劫に思う姿勢の蔓延をもたらすという。[152]

しかし、そうした批判は誇張されたものだった。一八三〇・四〇年代の政治運動には、何十万もの中流階層の男性が参加し、彼らは自由主義的な民主主義と国民国家を求めてクラブや協会に加入し、誓願書に署名し、資金を集め、デモンストレーションに参加し、街路を行進したのである。保守的な市民もまた組織を作り、社会主義的な労働者も社会的権利を得るために運動した。一八四八年*以前でさえ、ヴェルッカーや他の者が主張したほどには、男たちは家庭生活や穏やかな男らしさには固執していなかったのである。一九世紀初頭の戦乱は、家庭生活や夫婦の親密さとは無縁の感情をかき立てたのである。戦乱は父性愛の代わりに祖国への愛と敵への憎悪を引き出した。どの陣営でも、プロパガンダは愛国的感傷《センチメント》と対外的嫌悪感に訴えたのである。（一八四八年にドイツ国民議会の議長を務めた）エルンスト・モーリッツ・アルントのような著述家は、フランス人を舌鋒鋭く攻撃し、「卑劣、好色、貪欲、残酷」で、ドイツの女性を汚し、ドイツの男性の名誉を害すると非難した。ドイツの男たちは「汚名」をそそぎ、「ドイツの愛、忠節と闘志」の炎をふたたび灯すために招集されたのである。[153]

ナポレオン戦争が終わりドイツの名誉が回復されると、そうした集合的・公共的に共有された感情は内政へと向けられた。一八三八年、ヴェルッカーはそうしたアナロジーを利用して、

＊ドイツ語圏で一八四八年革命（三月革命）が起こった。

「戦争」という表現を、言葉通りの意味（武器を用いての戦い）にも、比喩的な意味（政治的権利をめぐる戦い）にも用いた。そのどちらも、当事者なら無関心ではいられないほどの情念《パッション》を込めて戦われるものだった。自由主義的な憲法や男性選挙権、責任政府をめぐる戦いは、党と党、派閥と派閥がぶつかるものだった。前代未聞の激しさで感情が噴き上がったのである。かつては従順な臣下として王侯君主を崇敬した市民たちが、君主を相手に堂々と手ごわい交渉を繰り広げた。彼らは信頼と忠誠を撤回すると脅し、君主その人ではなく祖国と国民にささげる新種の愛を口にしたのである。しかしこうした「権利をめぐる戦い」は、君主と逆臣の間にだけ起きたわけではなかった。横の方向に、つまり見解の相違する市民の間でも、この権利がどのようなかたちを取るべきで、どれだけ平等または不平等に配分されるべきかをめぐって争われたのである。政治的な対立は、情熱と喧騒、暴力的な衝突と情念《パッション》に満ちた熱論をともなうものだった。同意が得られないというだけで、男たちは侮辱や暴力にさらされたり、ときには政敵として暗殺されたりしたのである。

近代の政治において情念《パッション》がこれほど重要な役割を果たしたことが、政治は男性だけがするべきとされた理由だった。一八三〇年代にヴェルッカーがジェンダー間の関係と女性の地位について考察したときも、この問題が彼の最大の関心事だった。女性は「温和で穏やかな性質」を持つため、政治に関われるような立場にはないというのである。それでもなお危険を冒すというなら、より強い情念《パッション》を持つ男性に潰されることは必至な上、その愛すべき女性らしさと魅力も失うことになりかねないというのである。ここでは、従来とは逆の議論がされている。女性と感情を、男性と理性を結び付けるのではなく、ヴェルッカーは男性を「怒り、反抗心と性急さ」に突き動かされる、情念《パッション》に満ちた存在として理解しているのである。対照的に、女性はもの柔らかく穏やかで、情念《パッション》や情動《アフェクト》の代わりに「気性《テンパー》と感覚《フィーリング》」を見せる存在として描かれている。男性があきらめ悪くあがくのに対して、女性は許容と忍耐に長じているのだ。[154]

　男性が政治の場で情念《パッション》に突き動かされることを、実際にヴェルッカーが良しとしたかどうかは明らかではない。一方ではそうした行動は、感情は抑制するもの、という教育を受けた中流階層が守るべきとされたルールに抵触するものだった。[155]他方では、「偉大な業績」は「大いなる情念《パッション》」から生まれるものだ、ということも一般に了解されていた。「精神は器官と同様、力を得るためにはときとして強い刺激と衝動を必要とする」ため、「すべからく偉大なる者」は「程度はちがえど情念《パッション》に満ちた男たち」だというのである。非凡な業績や勝利が情念《パッション》に触発されて生まれることが多いとすれば、特定の条件下では情念《パッション》が道徳的に健全であると認めることは、可能であり必要なことなのである。[156]このように、ヴェルッカーのように自由主義的な政治原理と立憲主義制の推進に全力をつくした同時代人にとっては、政治は確かに情念《パッション》を捧げるに値する大義だったのである。少なくとも男性には、そして男性だけには。

　永遠不変の自然の理《ことわり》が軽んじられ、強く人に力を与える感情を女性が発揮できるようになるとどうなるかは、フランス革命期の例から見ることができる。女性の政治参加に懐疑的な者の多くが述べるところによれば、女性たちはフリードリヒ・シラーの有名な詩『鐘の歌』によって不朽のものとされたような、醜い「ハイエナ」に変わり果てるというのである。一七九九年に出版されたその詩は、自由を求める民衆の「叛乱」を激しい言葉とイメージで非難した。シラーいわく、特に凶悪なふるまいを見せたのが女性だったのである。「怒りに我を忘れ」、彼女たちは「ハイエナとなり／恐怖政治をなぶりものにし／豹の牙をもって、いまだひくつく／敵の心臓を引き裂いた」のである。

ヴェルッカーもシラー同様、女性が革命のために積極的に政治に関わるようになれば野獣に変貌するため、究極的には人類に対する脅威となると考えた。彼女たちほどには暴力的ではないものの、政治的な議論と判断への参加を要求した怒れる女たち（enragées）もまた、容認しがたい存在と見なされた。[157] 女性に政治的な権利を認めることは、自然が定める天分と社会秩序を否定することと等しかったからである。情念《パッション》に満ちた選挙戦や議会での論戦は女性らしさを損ね、祖国を危険におとしいれると男性たちは訴えたのである。健全で立派な女性は決してそうした激しい戦いには近付かず、夫や父親や兄弟にまかせるというのである。しかしこうした主張は、女性が教育を受け公的な活動に参加することを全面的に否定するものではなかった。リベラルな見解によれば、女性が政治的な議論に耳をかたむけ、裁判を見守り、大学の講義を聴講し、「正当で価値ある公的な大義」を信奉するために協会を創立し新聞を発行することは許されて然るべきだったのである。それでも女性は、情念《パッション》に突き動かされて政治的（・軍事的）

権力を取りあい、奪いあい、守らなければならない戦場では場ちがいとされたのである。[158]

激情と創造的精神の対置

女性はまた、音楽のような分野でも場ちがいとされた。「女性は天性の傾向として感情を感じやすいのに、作曲の実績がまったくない」のは「なぜ」なのだろうか、とウィーンの著名な評論家だったエドゥアルト・ハンスリックは一八五四年に問いかけている。彼はその答えを自分で導いている。「感情の激しさは作曲につながらない」からである。「作曲をするのは感情ではなく、音楽的な訓練を積んだ芸術家の特別な才能なのだ。」その才能は、いわく女性には欠けている。正しい条件が揃えば、女性も音楽作品を正しく解釈し、演奏において妙技を発揮できるようになれるが、決してそうした作品を作ることはできないというのである。[159]

ハンスリックの議論はヴェルッカーのものとは多少異なる。女性は芸術に貢献できないと述べることで、彼は男性の先天的な能動性と女性の先天的な受動性という通念を肯定している。傑出した作品の創造には、才能だけでなく訓練や意思力、精力も必要とされるわけだが、これらは全て、男性の肉体的・精神的器官に先天的に備わっているものとされた。ひるがえって女性は、か弱い肉体に従属し感情に振り回されやすいため、芸術や科学では大した業績を上げられないのだ。このように想像力豊かな創造性は、肉体的・感情的な制約に縛られずに才能や知性、訓練を深めたり兼ね備えたりすることができる男性だけに許されたものだったのである。

こうしたジェンダー差に関する通念がどれほど深く根をおろし広がっているものなのかは、一八九〇年代に顕在化した。一〇〇人を超えるドイツの大学教授や教師、著述家に対してインタビューが行われ、女性が大学教育を受け、専門職や研究職につく能力があると思うか質問された。その結果は、女性が大学に進学できたとしても、科学者やその他の高度で自立した職業につくことは想像できないとする者がほとんどだったのである。せいぜい男性を補助する職につく資格を持つぐらいで、独自の研究や専門的業務を遂行することはないだろうと考えられたのだ。神学者は、女性は「直感に頼り」過ぎるため、教義や歴史の問題を分析する能力に欠けると考えた。法学では、女性は感情的で独善的過ぎると見なされ、判事を務めるにふさわしい資質に欠けるとされた。「彼女らは柔弱過ぎるため、司法の剣をふるうには力及ばず」、「感傷《センチ》的な心情《メンタリティ》になりがち」で、「ありあまる感情」のままに「法の論理」ではなく「同情《コンパッション》」に流されてしまうというのである。医療では、女性は感情と頭脳労働を切り離すことができず、素早く判断することも重い責任をともなう強行手段をとることもできないとされた。女性の際立って強い感情は直接血管に作用し、結果として脳の血流の不規則な変動をもたらして、「めまいやふらつき、痙攣や震え」を引き起こす。要するに、その結果として女性の「知的明晰さ」の劣化は避けられないため、本格的な学術研究をする資格を満たさないというのである。[160]

しかし、女性の性向や美徳が役に立ちそうな業種も存在した。女性が生来持つ感性《センシビリティ》のために、看護や幼児教育は申し分のない適職と見なされた。女性はまた、慈善事業や顧客サービス部門で本領を発揮すると考えられた。反対に工場労働は、女性の健康と敏感さ《センシティビティ》にとって危険だとされた。そして女性は家庭生活にうってつけだという点で、多くの者（男女ともに）の意見は一致した。この領域でこそ、彼女たちの肉体的・精神的「本質」が花開くというのである。女性は家庭で「愛情を体現し」、夫と子供たちを慈しむのである。民主主義者派の政治家ヤーコプ・フェネディが一八四〇年代に記したように、家族こそが「感情の学校」であるとされた。つまり「家族抜きには感情は発達せず、感情抜きには家族は存在しない」のである。ここでは母親が主役だった。何をどう感じるべきかを子供に教えるのは母親の役割だったのである。つまり愛や道徳、友情は母親が教えるものだったのである。[161]

感情の学校——メディア

しかし、母親の教えは男の子と女の子では異なった上、それもまた絶対というわけではなかった。感情教育（L’éducation sentimentale）は数多くの制度を通して、そして多彩なメディアを利用して行われた。たとえば小説は、それを読んだ男女が自身の「感情の秩序《エコノミー》」を規定し整える過程に相当の影響を与えたと考えられている。小説は感情のロール・モデルや類型、ステレオタイプを提示しただけでなく、人が迷ったり考えたりするきっかけにもなったのである。（ドイツではそれほどではなかったものの）フランスやイギリスで生み出された近代的な写実主義小説では、登場人物は特定の感情に支配されるのではなく、様々な感情を次々と見せていった。

物語の語り手が一段高いところに立ち、冷静で分析的なまなざしでヒーローやヒロインを見下ろすのに対して、主人公はたいてい真の強く深い思いを求めて、あちこちぶつかりながらさまようのである。エマ・ボヴァリー*もフレデリック・モロー**同様、そうした運命をたどったわけだが、フローベールいわく、フレデリックの感情教育は、作者自身の世代の「精神と感情の履歴」を象徴するものだったのである[162]。

　フローベールの主張が妥当かどうかは、今後の議論が決定することだろう。一般的に、小説家が同時代の規範や慣習を注意深く観察するのは当然のことである。しかし彼らはまた、観察対象から一歩引いたところに立っていたのである。彼らは特定の問題に脚光を当てる一方で、控えめにしか取り上げないものもあった。特定の行動様式を誇張する一方で、彼らが訴えたいことに合わないものは無視したのである。読者の方はどうかと言えば、そうした作者のメッセージがどう理解され、彼らの帰属意識や存在意義にどのような意味を持つものであったのかは、実際のところほとんど分かっていない。純文学か大衆小説かにかかわりなく、文学が感情教育のきわめて重要なメディアと見なされたと言うだけに今はとどめておきたい。演劇やオペラと並んで、文学は読者の心を動かし、ふさわしい感情を引き起こす（emovere）ものと考えられてきたのである。近世以降、演劇は詩や文学テクスト以上に、男女を様々な感情《アフェクションズ》で感動させることを務めとしてきた。というのも、劇場に集まった観衆の中にいる方が、読書という孤独な行為に比べて、感情は明らかに早く伝播したからである[163]。

識字率の上昇と文化的なマーケットの拡大のおかげで、一九世紀の間に小説や演劇はより多くの人びとにとって手の届くものになった。読みものと言えば聖書と宗教的なカレンダーぐらいだった社会の下層の男女でさえ、次第に本を読むようになったのである。女性が（ロマンチックな）小説を好んだのに対して、男性は歴史書や科学書、戦記物をひいきにした。[164] 二〇世紀になると、映画とそれに続いたテレビの登場のおかげで、文化消費財の消費は過去には考えられなかった規模まで拡大した。この変化が感情の教育と感情の実践のジェンダー化にどのような意味を持つのかという問題は、これまで詳細な分析はおろか議論さえほとんどされていない。文化的なマーケットの多様化が進んだために、感情教育の変化がたどった道筋や傾向を明確に特定することは難しいが、驚くべき連続性があることが読書パターンの分析から判明している。今もなお女性は人間的な興味に訴える記事《ヒューマン・インタレスト・ストーリーズ》と今日呼ばれるものを好む一方で、男性は新聞や専門誌、歴史的人物の伝記を選ぶのである。[165]

自己啓発書

どちらのジェンダーにとっても魅力的なジャンルとなったのは、近年の書籍市場で宣伝され

＊ギュスターヴ・フローベールの長編小説『ボヴァリー夫人』（一八五六年）の女主人公。

＊＊フローベールの長編小説『感情教育』（一八六九年）の主人公。

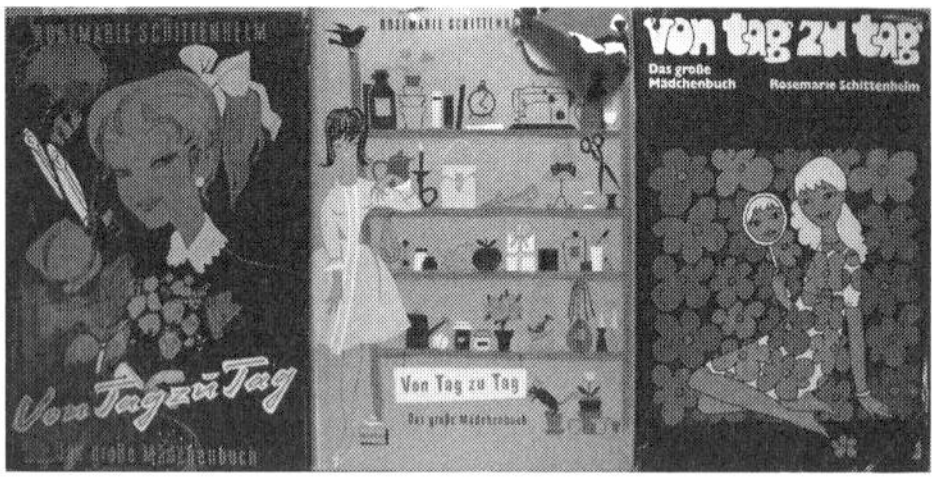

図6『日々　女の子大全』の３つの版（1954年、1961年、1972年）

ているような自己啓発書である。その題材はと言えば、母乳による育児から金融投資、情動知能《エモーショナル・インテリジェンス》ののばし方から人生をシンプルにする方法まで、多岐にわたる。こうした指南書の中には、男女のどちらか一方をターゲットとするものもあるが、大半は性別とは無関係なものとされ、内容も男女の両方に関わりのあるものである。明確にジェンダー化され、男女のどちらか固有の問題を扱うタイプの手引書は、昨今の書店でまず見当たらない。しかし、根気よく探せばまだあるのだ。その一例が、思春期の少女向けの『日々（Von Tag zu Tag）』で、現在第三版が入手できるが、これは一九五四年に初版が出たものである。この本は、最初から最後のページまで、非常にジェンダー化された表現で感情について語っている（図６）。

冒頭から「優雅でいましょう！」という命令文ではじまっている。言わずもがな、優雅さ（Anmut）と美しさの定義も、女性だけを想定したものである。少し先では、「女性は何より」感性《センシビリティ》を涵養し、「感情の繊細なコンパス」を使って日常の物事を取りはからうことが勧められている。「命の奇跡」に関する段落では、共に家族を築くに値するただひとりの相手に出会うまでは、「混乱した感情」に流されずに待つべきだ、と一〇代の少女に警告している。「人生計画」の章は若い女性が働くことの大切さを説き、『三一三の女性のための仕事』というパンフレットを薦めている。また、女性にとっての仕事は、母親になるまでの期間、暇を持てあまさないためだけのものだとも強調されている。子供ができれば、「子供は母親の注意を長期間、完全に必要とする」ようになるからである。しかし母親になっても、女性は世事に通じ新聞を読み、政治を理解していなければならない。以前の世代ほどには男女の領域は乖離していないため、両者は平等な立場で付き合うべきだからである。「家庭でも、夫は妻に対等な相手であることを求める。人や状況の扱いにかけては、彼女の感覚の方が信用できると彼は分かっているのだから。」[166]

女性は特有の感性《センシビリティ》と細やかな感情を持つという昔ながらのメッセージは、このように一九六〇年代にも健在だったが、やわらげられ、以前ほどあからさまなものではなくなっている。こうしたメッセージは、一八世紀後半から数多く刊行された指南書にたびたび見受けられた特徴である。その原型とも言える『クニッゲ』*は意図的に男性読者だけをターゲットとしたが、女性向けのマナー教本もじきに刊行されるようになった。その後、こうした指南書が対象とする社会グループは、年齢や宗教、階層によって次第に細分化されるようになったが、女性とは感情豊かでありながら物やわらかな存在、というイメージを伝えた点ではどれも変わらなかった。お手本は、どんなときでも気立てが良くほがらかで、前向きな姿勢を崩さない女性であり、それは今でも変わらない。こうした特質が生来のものではないことは自明で、たゆまぬ自己点

*アドルフ・クニッゲが著したマナー教本『社交について』（初版は一七八八年に刊行）。

検と精査の中で育まれるものである。そしてこうした自律は、とりわけ中流階層が重視したものである。女性は、メイドや使用人を厳しく叱責してはならない、どんなときも感情のバランスを崩してはならない、と繰り返し言い含められたのだ。[167]

男性はまたちがう指南が授けられた。第一に、男性の感情はさほど取り沙汰されず、女性の場合ほどには重視されなかったのである。第二に、『クニッゲ』は、じきに読まれなくなった。一八七〇年代以降、ドイツの中流階層の少年に堅信礼*の際に与えられたのは、ヴィルヘルム・フォン・キューゲルゲンの『ある老人の少年時代の思い出』だった。[168]しかし、ドイツ化された『感情教育』とも言える同書を補うように、まったく異なるジャンルが登場し、やがて取って代わるようになった。一八八〇年に初版が刊行された『新しい宇宙』は、二〇世紀には大人気を博した。宗教や社会階層を問わず「成熟期を迎える少年」を対象としたこの年鑑は、科学と冒険、技術の知識と娯楽を融合するものだった。付録は少年たちに家庭でその知識を応用する方法を教えるもので、実験のやり方も含まれた。一九一〇年版では蒸気機関の、一九二九年版ではラジオ部品とスピーカーの作り方が掲載された。[169]

感情は『新しい宇宙』でも大いに取り上げられたものの、正面から扱われることはなかった。感情の教育は、そうと悟らせずに進められたのだ。興奮と驚きを引き起こし、好奇心を刺激することで、賢さと規律正しさと信念さえあればできないことはない、と年若い読者に信じさせたのである。このシリーズの狙いは、少年に自信を持たせ、今後も続く進歩と（西洋の）男性の問題解決能力への全幅の信頼を築くことにあった。世界は征服者を、宇宙は探検者と開拓者を待ち望む場所として描かれた。人生は厳しい戦いであり、少年たちは早くからそれに備えなければならなかったのである。[170]

さらなる教育——軍隊、仲間集団、政治

こうした強さ、規律正しさや勇敢さといった要素は、軍隊のような男性だけで構成される組織ではさらに強調された。兵役制度は大陸ヨーロッパでは制度化されたため、全ての若い男性が未来の新兵と言えた。一九〇〇年頃にいみじくも「男らしさの学校」と名付けられた集団には、毎年何百万という男たちが入隊し、感情の教育を続けたのである。彼らは祖国を愛し、その防衛のためなら命をささげる覚悟をすることを教え込まれ、命令に従い、危険や辛い任務を恐れないことを学んだ。「いくじなし」と呼ばれることは、兵士にとって最悪のことだった。反対に彼らが魅力的に思うべきだとされたのは、助け合いと圧力と統制が独特に混ざりあう仲間とのきずなだった。[171]

民間人の暮らしの中でも仲間は同様に重要であり、少年（と少女）の感情的な成熟に非常に大きな役割を果たした。青年組織は、宗教的、政治的、準軍事的、自主的とどんなものでも、

＊洗礼・聖餐とならぶキリスト教の秘蹟。洗礼を授かった信徒に与えられる。

男性が社会性を獲得する過程において決定的な役割を果たした。職人組合や学生団体は古くから存在したが、より若い、思春期の少年のための組織は一九世紀後半から二〇世紀はじめになるまで登場しなかった。こうした組織が涵養した感情の規範は、成員間の温かく信頼に満ちた関係を大切にする一方で、組織に属さない外の者との間には一線を引き峻別するものだった。組織内での同性愛的な感情は、いくぶんかは隠されてはいたものの、こうした男性集団を構成する要素のひとつだった。そして、キャンプファイアをかこんで披露される歌の熱烈な歌詞に見られるように、感性《センシビリティ》もまたそこに加担していたのである。しかし同時に、自己鍛錬や男らしくない行動の否定もまた、心に刻み込まれたのである。[172]

第一次世界大戦後にヨーロッパを席巻した全体主義的な政権や政治運動の中で、こうした特性はさらに共有されるようになった。イタリアのファシズム運動、フランスのアクション・フランセーズとヴィシー政権、スペインのファランヘ党、ハンガリーの矢十字党、そしてドイツの国家社会主義のいずれもが、男性的な荒々しさを賛美したのである。アドルフ・ヒトラーは、彼を信奉する若者たちは「グレーハウンドのような敏しょうさ、革のような強じんさ、クルップ鋼のような固さ」を持つべきだと考えた。[173] この目標に到達しようとしたナチスの青年組織は、支配人種（Volk）の厳格な精神に則った教育を少年たちに（後には少女たちにも）熱心にほどこしたのである。その精鋭を自認する者であれば何を成し得るかは、親衛隊全国指導者ハインリヒ・ヒムラーが一九四三年一〇月に語っている。占領地ポーランドで親衛隊幹部の前で演説したヒムラーは、政治的に必要なこととしてユダヤ人の絶滅を擁護し、それは感情をまじえない機械的な方法で執行されるべきだと訴えた。「百の、五百の、千の屍体が折り重なる様を、君たちのほとんどは目にしたことがあるだろう。そして、人間的な弱さがまねく例外をのぞいて、見苦しい姿を見せずにそれに耐え抜いたことで我々は鍛えられたが、これは誰の口の端にも上らない勝利の一ページであり、これからも決して日の目を見ることはないのだ。」殺戮行為は、そのあまりの醜悪さのために人を「戦慄させる（schaudern）」「もっとも困難な任務」であるが、それでも「我々の同胞への愛のために」実行されるべきものだったのである。[174]

　このように、ダニエル・ゴールドハーゲンを引用するならヒトラーの「死刑執行人を嬉々として務めた者たち」は、二つの感情を持っていた。彼らは同志やドイツ民族、そして当然、総統《フューラー》には強く肯定的な感情を持っていた。一方で、同じくらい強いものの否定的な感情を敵や裏切り者と見なした相手に抱いたのである。しかしヒムラーが断言したように、品位を損ねたり、政治の論理や政治的に必要とされることをさまたげたりしないためにも、後者の感情は克服されるべきだった。醜悪な任務の遂行には、憎悪も共感《シンパシー》もふさわしくなかったのである。職業的殺戮者もまた冷徹で無情になる方法を、同情《コンパッション》や肉欲《ラスト》、怒りを心から追い出す方法を、そして任務を可能な限り事務的に遂行する方法を学習しなければならなかったのである。

　このヒムラーの演説は極秘のものとされていた。親衛隊士官向けのものであり、ドイツの大衆を対象にしたものではなかったのである。全国指導者ヒムラーも十分に理解していたように、大衆の感情的な姿勢はこうした問題については信用できなかったのである。しかし当時、その大衆もまた、複雑なプロセスを経て感情的に再教育されつつあった。ナチス政権は（そして他のヨーロッパの諸国でも見られたように、全般的にファシズムは）市民の感情を未曾有の規模でかき立て操作しようとしたのである。愛や誇り、献身や信頼といった感情に絶えまなく訴えては光を当て続けたのである。一般に、こうした感情は入念に儀式化され統制された。そして、なるべくなら党大会や大集会に集うような大群衆が示すべきものとされたのである。光と音の洗練されたショーをともなう壮大で劇的な演出にうながされ、参加者は強い感情を表現し経験したが、しかしそうした感情が暴走することは決して許されなかった。反対に、整然と足並みの揃った群衆のパフォーマンスは、すでに古代人に危惧されたもの、つまり感情の御しにくさと予測の難しさなど恐るるに足らずと示していたのである。

集合的な感情とカリスマ的指導者

情動《アフェクト》と情念《パッション》を鼓舞して聴衆を行動に駆り立てることは、アリストテレスの時代以来、政治的な修辞技術《レトリック》の関心事だった。しかし、そうした感情を効果的に支配し操作することもまた、同等に重要だった。フランス語の名詞émeute（暴動）が、感情（emotion）に言語学的に近い関係にあり、集合的感情のあらわれとしての暴力的で衝動的な示威行動をあらわす単語として今でも使われているのは偶然ではない。[175] 特に群衆によって行動に移されると、こうした感情は誰にもコントロールできない勢いを持つことがあるのである。情念《パッション》に突き動かされた論争について一八三〇年代に書いた自由主義派の政治家には、大衆政治の時代に入ってから政治が経験した変貌は、とても想像が付かなかっただろう。一九世紀後半に入ると、選挙で投票し大衆運動に参加する男性の数は増加を続けた。感情というものが、そうした人びとを扇動しまとめ上げる強力な触媒であることはじきに判明した。感情によって市民は動員され、（ヴェルッカーの言葉をまねたチャーチルいわく）「国内の戦争」に向けた心構えを与えられたが、こうした「戦争」は選挙活動を「野蛮な」ものへと変えてしまうことも珍しくなかったのである。[176]

　感情はまた、指導者・救済者像の復活を助けた。こうした指導者のカリスマは、何よりも支持者の感情に訴えかける才能に支えられていた。第二次三十年戦争と呼ばれた、一九一四年から一九四五年の時期は、驚くべき数のカリスマ的指導者を輩出した。ヒトラー、ムッソリーニやスターリンだけでなく、チャーチルやルーズヴェルトのような政治家たちもそこには含まれる。とはいえ、イギリスやアメリカのような多元的な民主主義国家では、鼓舞し焚きつけた情《パッ》念《ション》を統制しひとつの方向に向かせることは、こうした指導者にも最後までできなかった。しかし、イタリアやドイツ、ソ連のような全体主義的な政権のもとでは、市民の感情の秩序《エコノミー》ははるかに強力に掌握された。激しい弾圧を行いつつ、指導者たちは洗練されたプロパガンダ技術を駆使し、感情をかきたて維持しながらも決して暴走させなかったのである。

　感情の政治学の領域で彼らが成功したのは、かなりの部分はそうした感情をジェンダー化する手法のおかげだった。女性や子供たちはカリスマ的な指導者への無条件の愛と崇敬を示すために利用された。彼女らの熱狂は、その真偽はともあれ、おおっぴらに演出され宣伝されたのである。女性は腕をふり、花を投げ、歓声を上げ、涙を流した。対照的に男性は、忠実で従順な支持者となることを宣誓し、隊列を組んで行進し、硬くこわばった表情でゆるぎない決意と献身を表現した。彼らの感情は、政権が求めるものと完全に同調しているかのように演出された。命令には絶対服従、常に戦闘態勢にあることで、全体主義政治の有能さと自信を体現したのである（図7）。

いずれにせよこうした演出は、伝統的な感情のジェンダー化のパターンを踏襲した。どのみち感情的であるとされた女性（と少年少女）は、ポジティブな感情をおおっぴらに思いのまま見せることが許された。彼女らの感情の爆発と歓喜は、政権とその総統《フューラー》への公衆の支持（と賞賛）を証明するのにおあつらえ向きだったのである。対照的に、男性は感情を抑え情念《パッション》を支配し、必要あれば何事もひるまず遂行できることを示した。彼らはおのれにも他人にも厳格な機械人間（hommes machines）であり、有能な大量殺戮の道具だったのである。こうした変化は、名誉や恥辱のような感情の性向《ディスポジション》の意図的な復活と強化をともなった。前述のように、ナチス政権は人種主義的でジェンダー化された概念としての名誉の浸透をはかったのである。ユダヤ人の恋人を持つドイツ人の（つまり非ユダヤ人の）女性は人びとの前ではずかしめられ、人種の純粋さを汚したかどで告発された。しかし、同じようなことをしたドイツ人男性が、そうしたはずかしめにあうことはなかったのである。[177]

こうしたナチズムによる感情のジェンダー化には、以前とは異なる点はあるのだろうか。政権がとった路線は新しいものではなかったものの、未曽有の規模で構造化され尖鋭化されたのである。一方では、少女たちも女性たちも公共の領域での活動に深く関与するようになった。少年たちより多少遅れたものの、少女たちも青年組織に加入させられ、一九三三年以前は入ることもできなかった政治の劇場で役を与えられたのである。女性たちもまた組織化され、責任をともなう地位につき、「家族、家庭と民族の再生産の小さな世界」[178]の外でも目立つ存在に変化した。他方では、女性が公共の場に登場する際に利用した感情資本は、厳重に監視され、操作され、利用された。女性の感情と――その明白な表明が――これほどに政府とプロパガンダ機関に重視されたことはなかったのである。国家社会主義は、男性だけによる男性的な運動であることを自任したが、女性の情熱的な崇拝と支持に次第に関心を払うようになったのである。プロパガンダの媒体は、総統の姿に歓喜の声を上げ、赤子にキスしてもらおうと抱き上げる女性の写真やニュース映像で埋めつくされたのだ。

図7 左：ヒトラーを歓迎するズデーテンの女性たち（1938年10月）、右：点呼のため整列する突撃隊、親衛隊と国家社会主義自動車軍団（ニュルンベルク、1935年11月9日）

新しい感情プロフィールと社会の変化

より長期的な視点から見た場合、女性の感情を利用し誘導しようとした点で、ナチズムは先進的でもあり退行的でもあった。ナチズムによる公共の場での女性の存在の利用は、政治的な権利を認めて政党や政治組織に取り込み、女性を市民へと変えようとした戦間期の時流に乗ったものだった。（女性だけでなく男性にとっても）市民権や政治的権利の行使は、政権に唯々諾々と従うだけのものに成り果てたが、それでも女性たちは、帝政期の政治文化では当然のことながら、ワイマール共和国期でも考えられなかった水準の政治参加や政治的動員を享受したのである。その一方で、ナチズムは男女の情緒性の平準化傾向には賛同しなかった。そうした傾向の兆候は一九二〇年代にはすでにあった。一九〇八年刊の百科事典が、女性のより顕著な「感動しやすさ」を強調したのに対して、一九三二年版の記事では若い世代と上の世代の間に広がりつつある差異が指摘されている。若い女性が明晰で地に足のついた論理的思考を好むのに対して、年配の女性はより感情的に反応するというのである。[179]

この若い世代の女性の新しい感情プロフィールは、二〇世紀初頭にはじまった社会的、経済的、そして文化的な変革に対応するものだった。多くのヨーロッパ諸国では、特に成長産業だったホワイトカラーやサービス業で、女性の就業率が上昇しつつあったのである。ジェンダー差の解消からはほど遠かったものの、それでも女性は新しい挑戦や自由を経験できるようになったのである。同時に、軍隊や大学といった男性だけで構成された組織は、その権威を失うか女性を受け入れざるをえなくなった。この変化を目の当たりにした者の中には、一九二〇年代は「新しい女」と「新しい男」の誕生を見た時代と考える者もいた。一九四一年、ウィーン生まれの作家シュテファン・ツヴァイクは往時を回顧して、彼が生きた時代に起こったジェンダー間の関係の正真正銘の「革命」について、次のような所感を述べている。四〇年前には、男女は対極的な感情世界に生きており、男性は「精力的で女性に礼儀正しく、積極的」で、女性は「内気な恥ずかしがり、そして受け身」であるべきとされた。年頃の少女たちは性的な問題について何も教えられておらず、その事実がまた彼女たちをさらに「せんさく好きで、夢見がちで、あこがれがち」にし、それが「彼女たちに魅惑的なとまどいをまとわせた」のだ。路上で青年に挨拶されるだけで、「どんなものなのかもきちんと理解していない愛撫を、彼女たちの体がどれだけ望んでいるか」相手に悟られたかのように「恥じらいのあまり」少女たちはほおを染めたのだ。この全てが変わってしまったと、少なくともツヴァイクは考えたのである。「顔を赤らめるような少女は」「まだいるのだろうか？」と彼は反語的に書いている。新しい世代の女性たちはと言えば、スポーツで体を「鍛え」、恥じらうことなく男性に混じって行動するようになった。男女はお互いを仕事や学業、気晴らしの仲間と見なすようになったのである。[180]

若い女性の肉体的・感情的なハビトゥスについては、ナチズムは時計の針を巻き戻そうとはしなかった。思想的にはその逆を唱えたにもかかわらずである。とはいえ、ジェンダー差は入念に強調された。第一に、女性を過度に熱狂的で感情的な存在として演出することで。そして第二に、若い男性を訓練された労働者、党の兵隊、そして後には戦争機械へと変貌させることで。戦争が終わり男性の武装が解かれると、ジェンダー間の平準化傾向は再開した。この傾向は、特に前述の自己啓発書やマナー教本、そして百科事典に反映された。一九五四年、西ドイツで刊行されたブロックハウス百科事典は、女性の行動は男性に比べて感情に左右される、という長年の見解は「誤り」であると端的に断言したのである。[181]

ブロックハウス百科事典はまた、ナチズムの感情政策を非難している。「大衆の情念《パッション》のたがを外す」ことは、概して「非難に値する」ことであり、破壊的でしかない「熱狂」をもたらすという。事実、そうした熱狂は集団を動員する手段として、ナチズムに大いに歓迎されたのである。一九三七年版の百科事典では、熱狂は次のように定義されている。「ある思想、宗教、信念、ロール・モデルまたはドクトリンに心酔し透徹され、無条件の奉仕と献身をさせ、必要なら命や手足も犠牲にすること。」この肯定的な意味での熱狂の「最良の例」が、「総統と彼の理想のためなら全力をつくす国家社会主義者」とされたのである。[182]言うまでもなく、この人物は男性である。

怒れる若い男たち、怒れる若い女たち

後に続いた世代の男性たちはと言えば、思想やドクトリンやカリスマ的な指導者のために命や手足を犠牲にするようなことは嫌がった。少年や一〇代の若者として狂信的な教育を受けた

者は、裏切られたと感じて離れて行ったのである。彼らの中には、「怒れる若者たち」になった者もいた。これは、ジョン・オズボーンの一九五六年の戯曲『怒りをこめてふりかえれ』の発表後、イギリスではじまった知的運動である。その担い手はイギリスの上流・中流階層に不満を感じ、変わらない階層間の格差に苛立ち、労働者階層らしいふるまいを隠そうとしない劇作家や小説家たちだった。この知的運動は、「主流派の心情や見解」に対するひとつの世代の「異議」を表現するものとして、一九五〇年代から一九六〇年代初頭の文学界の支配的な潮流になった。[183]その間、西ドイツでは怒れる若い男たち（zornige junge Männer）が路上にくり出しては、再軍備や核兵器、ネオ・ファシスト運動や大学のヒエラルキー構造に対して抗議した。そこには怒れる若い女たち（zornige junge Frauen）も加わり、彼女たちは最終的には男性にその怒りを向けて、家父長的な抑圧の元凶は彼らだと非難したのである。はっきりと言いたいことを言ったりきわどい表現を使ったり、トマトを投げたりとあからさまに挑発的な態度をとる彼女たちが、伝統的なジェンダーのステレオタイプから脱却していたことは明白だった。この場合、怒りは力を彼女たちに与える効果を発揮しているが、そのために二世紀前のフリードリヒ・シラーのように、女性が「ハイエナ」になることを喜ばない者には眉をひそめられたのだ。

一九七〇年代の怒れる女たち（enragées）は何を成しとげたのだろうか。フェミニズムはジェンダー間の不平等と女性への差別の正当性を否定することには成功したが、そうした不平等を支える通念や実践を解消することには失敗した。女性が今でも怒ることに後ろめたさを感じ、

図8　“笑顔でサービス”キャンペーンロゴ

怒鳴ったり殴ったりするよりも涙を流し、よりひんぱんにかつ激しく泣き、そして男性に比べて自尊心を表に出さないという事実は、生態や血管、遺伝子やニューロンとは何の関係もないのだ。女性の身体や感情の器官は女性「特有の人類学」を介さないと理解できないという考えは、明らかに時代遅れなのである。[184]

　しかし、文化的な様式や社会化と自己認識のパターンは、今でも相当にジェンダー化されている。これは、こうしたパターンをおのれの目的のために利用し操作する社会制度の影響力を反映したものである。現代の職場がその好例である。女性の職業は、男性の職業に比べて、より深く感情労働と関わっている。職業や組織の感情表現のルールに合わせて感情を管理することは、拡大し続けるサービス業には特に重要なのである。女性のウェイトレスや客室乗務員、看護師やレジ係、秘書や営業員は、好意と真心を伝えるために例外なく「笑顔でサービス」する。こうして女性のポジティブな感情は、顧客を喜ばせ満足させるために操作され商品化されているのである[185]（図8）。

　この章で議論したように、こうした感情やその表現のルールは一八世紀後半以降形作られたものである。近代市民社会の登場とともに、情動《アフェクト》と情念《パッション》はただ注意深く監視され調整されるようになっただけでなく、根本的かつ画一的にジェンダー化されたのである。（たとえば恥じらいのような）特定の感情が、多かれ少なかれ女性にしかふさわしくないとされたのと同様に、（怒りのような）他の感情は男性だけのものとされたのである。当然どちらのジェンダーも、その強さや質はちがえど感情を持つ。「感情のない男」は存在しなかったのである。男性が感情を経験し行動にあらわすやり方もまた、女性と同様に注意深く監視された。とはいえ男女は、異なる規範や指南に従ったのである。

変化の息吹き

こうした規範やルールは、男女の自己認識や行動に大きな影響を及ぼす社会制度、実践やメディアに内在化され、それらによって繰り返され強化されたものである。とはいえ、その影響力は必ずしも絶対的なものではなく、個人や集団が作用する余地を残すものだった。第一に、抑圧をはねのけようとする者が、規範やそれにともなう実践に異議を申し立てることがあった。一八〇〇年頃のロマン主義派の作家たちが、冷たく謹厳で機械的なブルジョワ的作法や感情とされたものに対して反旗をひるがえしたことはその一例である。同じ頃のフランスでは、公共圏を活躍の場とする知識人たちが「ジャコバン的感傷主義《センチメンタリズム》」に牛耳られる政治に疑問に感じ、家庭や友情同様、感傷主義《センチメンタリズム》も私的領域にとどめられることを願った。しかし、心からの優しい感情の領域とやらに閉じ込められることは、どの女性もが望むことではなかった。（ほんの数例を挙げるなら）メアリー・ウルストンクラフトやヘートヴィヒ・ドームのような論客は、女性が傷付きやすくか弱いものだと男性が繰り返すことに立腹し、女性にも人としての名誉や精神的な強さ、機知があると主張したのである。[186]

第二に、こうした個人による批判は、しばしば集団による運動の引き金になった。一九〇〇年頃には、青年運動が新たな感情の規範を形作り実践しようとしたが、そうした規範は彼らが市民社会の嫌悪すべき面と見なしたものとは明確に袂を分かったのである。それに先立つこと数十年、社会的に高く評価される職業や活動領域に女性を入れるべきではないとする見解や実践に対して、女性運動は疑念を呈しはじめていた。一九六〇年代には、学生たちが家族や大学、政治における「権威主義」に対する痛烈な批判を展開した。彼らは学術的なテクストを議論するだけでなく、非常に感情的かつ情熱的なやり方で彼らの嫌悪感と軽蔑感を路上で表現したのである。

第三に、そうした激しい攻撃がなくとも、制度に変化はつきものだった。職を持ち収入を得る女性が増えるにつれて、伝統的な家族構造は崩れたのである。経済界を相次いで見舞った変革の結果、女性従業員数は増加し、さらに顧客や消費者に直接対応する部門の比重が大きくなった。その結果、感情移入《エンパシー》や気づかい、愛想といった、いわゆる女性的な特質の重要性はさらに増したのである。同時に、名誉や暴力、精力といった男性的な感情の性向《ディスポジション》と伝統的に同一視される軍隊のような組織は、その魅力と権力を失ったのである。たとえば学校や大学といったその他の制度は、以前に比べてジェンダー化の度合いが低い新しい領域やコミュニケーシヨンのスタイルを受け入れるようになった。対して政治はと言えば、すでに二〇世紀初頭から女性の参画を受け入れるようになっているが、内容もスタイルもおおむね男性的なままである。政治的な情念《パッション》が暴走していると自由主義派の政治家に評された一八三〇年代と比べても、その六〇年後の大衆政治ははるかに強い感情に満たされた劇場に変貌していた。第一次世界大戦後の政治は、感情を抑えようとするどころかその逆をめざした。一九四五年以降のいわゆる冷静さへの回帰後の政治も、反共産主義的なプロパガンダや、フランスの反・反植民地主義的プロパガンダに体現されるような、集合的な不安や怒り、憎悪の扇動なしには済まされなかったのである。[187]

そして第四の変化の要素として、制度と感情的な行動に関わる制度化された規範が持つ影響力が、時間とともに変化したことが挙げられる。一方では、ますます多くの人びとが市民社会を構成する様々な制度に参加するようになった。その好例が学校である。社会階層やジェンダーの点で学校はより包括的になっただけでなく、生徒をより長い期間拘束するようになった。そのため学校の影響力はいちじるしく増加したが、その一方で軍隊の影響力は低下した。同様に、それまで対象とされていなかった人びとにも労働市場が開かれるようになったことで、より多くの人びとが、労働市場が必要とする資格や資質を身に付けなければならなくなったのである。

しかし、労働時間が減少し引退年齢が下がるにつれて、収入を得るための労働に使われる時間は減少した。その結果、自由時間と余暇が拡大し、それが今度は商業化され、まさに感情産業と呼ぶべきものに支配されるようになったのである。高度資本主義において実践される感情の秩序《エコノミー》は、娯楽、休暇そして一般に言うところの消費文化の世界に前にもまして支配されるようになったのである。そして特定の商品やサービスに感情的なニュアンスが加えられれば加えられるほど、感情や感情的な行動の標準化も進むのである。[188]

この分野では女性が最大のターゲットだったが、男性もまた、彼らに特化した手法で取り込まれつつある。たいていの消費財は明確にジェンダー化されているので、必然的にそれに付与される感情もそうならざるをえない。しかし、ジェンダー差は前ほどはっきりとしたものでも広範囲に及ぶものでもなくなったように思われる。広告や映画も、キャリアを持ち高価な消費財を購入する女性を徐々に登場させるようになってきた。また、男性が子供や友人に思いやりを見せても差し支えがないようになった。第一に資本主義的な消費文化により、第二に「治療的なるものの勝利」により、感情が全般的に肯定されるようになったことは、当然のように双方のジェンダーに影響を及ぼしたのである。[189]その転回の中で、古くから女性の能力とされてきた、感情にひたり感情について考え語る力は再評価された。男性もまた感情スキルをアップグレードし、「情動知能を高めて」感情について良く知り、新しい方法で伝えてみることが推奨（そして強制）されている。シュレーゲルの「自立した女らしさ」と「穏やかな男らしさ」の理念は勢いを増している——が、ジェンダーの境界線はなおも完全には消失していない。たしかに少女たちは、同年代の男性に挨拶されても、もはやほおを染めることはない。しかし彼女たちは今もなお、少年たちとはかなり異なる感情のスタイルや実践を涵養しているのである。

三章　感情の発見

ジェンダーと感情について考察を進めると、最後にはどうしても感情移入《エンパシー》へと行き着く。一九世紀から二〇世紀初頭の著述家たちは、女性は他の者が何を感じているか感じ取ることにとりわけ長じていると信じていた。そうした議論の述べるところによれば、男性は他人のことよりも自分の安寧を優先し、「厳格で冷徹」な印象を与えがちだが、女性はその本質のおかげで、より「思いやりがあり情け深く」なれるというのである。女性は繊細な骨格や神経、血管を持つために、仲間に共感しその苦楽に寄り添うことができるというのである。対照的に、男性は大きな問題を解決することや、市民的美徳と愛国心の根底にあるとされる公共心を涵養することに向いているという。[190]

女性は感情移入《エンパシー》や共感《シンパシー》と同情《コンパッション》、男性は公共心と市民的美徳。近代人は市民社会の感情りソースと精神的基盤を、このように振り分けてジェンダー化したのだろうか。それともこの他にも感情や行動、集合的・個人的な情念《パッション》を整序する方法はあったのだろうか。公共善よりも自愛心や私利私欲、成果を評価する近代社会において、どのように、そしてなぜ感情移入《エンパシー》は重視されたのだろうか。他者の感情を共有する行為の何が良しとされたのだろうか。そしてこの共有行為は、どのような種類の行動を生み出すとされたのだろうか。

感情移入《エンパシー》と同情《コンパッション》

昨今の心理学者や神経科学者の研究のおかげで、感情移入《エンパシー》、同情《コンパッション》と情動伝染は区別されるようになった。最後の情動伝染とは、他の赤子の泣き声を聞いて赤子が泣き出すときに起きていることで、他の赤子の不愉快さを無意識に共有する行為である。人は、ワタシ、アナタ、カレラの区別を学習してはじめて、感情移入《エンパシー》できるようになる。自分の心の状態が、他の人（や動物）の心の状態によって引き起こされたものであることを自覚するようになるからである。同様に同情《コンパッション》の定義は、人の力になろうとする情動であり、これもまた他の人間によって引き起こされるものである。しかし、ある人物に同情《コンパッション》を感じるということが、その人物が感じているものを感じることを意味するわけではない。他者の痛みを経験していなくても、相手を助け、相手が置かれている状況の改善に尽力することは可能なのである。[191]

神経科学が近年、注目の研究テーマとして感情移入《エンパシー》を選んだことは驚くに当たらない。他の人間や動物の行動や意図を理解することで私たちを動かすミラー・ニューロン・システムが発見される前から、感情は脳科学者の関心事だったのである。他の専門分野も神経科学に追随したことで、感情は学術研究のテーマに高められた。進化生物学者は、善意や利他的行動は生命体に利益をもたらすため、自然選択と矛盾しないという試論を進めている。[192]経済学者もこの点にいち早く着目し、神経科学者の助けを借りて、利他的な行動が利己的な行動よりも優れた結果を出す状況のモデルを作った。[193]社会学者は同情《コンパッション》が国境を超え、実際的な人道主義的事業に収斂する過程に関心を持つようになった。[194]

学界の外では、数多くの社会的実践や行為において、感情移入《エンパシー》と同情《コンパッション》は健在である。ハリケーンや津波、地震や内戦の被災者のために義援金が寄せられている。同情《コンパッション》の及ぶ範囲は広く、ヨーロッパの人びとをはるか離れた地に住む人びととつないでいる。思いやりを持つことは人間らしさの基準のようなものになり、その崇高な道義的使命の求めるところには、ただちに応えねばならないとされている。そうした同情《コンパッション》は、元アメリカ大統領ジョージ・W・ブッシュの政治プログラムにさえ忍び込み、ブッシュは自身の政権をあえて「思いやりのある保守主義」と呼んだのである。「助けが必要な市民を積極的に助ける点で思いやりがある。責任と結果を求める点で保守的なのである。[195]」これより一世紀以上前、ドイツ帝国の初代首相オットー・フォン・ビスマルクは、その社会保障政策を「実践的キリスト教」と表現した。こうした社会的な施策は、貧しい者が「より情け深く扱われることを保証し」、彼らが「人としての尊厳の意識」を失わないようにするものである、と彼は主張したのである。[196]

このように、隣人愛や人としての尊厳の概念と同情《コンパッション》という組み合わせは、明らかに新しい発想ではない。ビスマルクの例が示すように、すでに一九世紀には知られ、実践されていたのである。さらにさかのぼって、人類と同じくらい古いものと見なす議論もある。一八世紀の哲学者は、共感《シンパシー》と同情《コンパッション》は人間が自然に持つ能力であり、だからこそ永遠で根源的なのではないかと述べている。中世のキリスト教も、憐憫《コンパッシオ》と慈悲《ミゼリコルディア》を大いなる美徳として賛美し、これに勝るのは神への愛のみだとした。憐憫の心を持つ者は人の窮状に心動かされ、愛に駆られて手を差しのべる。こうした姿勢と行いは善であり合理的である、つまり人間の生の論理（ratio humanae vitae）にかなうとされたのである。[197] 他の宗教の見解も似通っている。コーランでも、同情《コンパッション》と慈悲（rahma）は神の主たる特質であり、イスラーム共同体のきわめて重大な美徳であるとして繰り返し言及されている。[198] また仏教の伝統は、古来の瞑想の習慣と技法（shamatha）を中核とするが、これも感情移入《エンパシー》に主眼を置いたものである。瞑想する者は、全ての人間をおのれの師や母、つまり心から大切に思う人間と見なすように教えられる。そうすることで、思いやりと共に洞察し看取する力が高められると言うのである。[199]

一八世紀の道徳哲学における社会的感情

一八世紀に同情《コンパッション》を「公共の善と福祉」のきわめて重大な要素へと昇華した者も、同情《コンパッション》が感じられるようにおのれを律することや、同情《コンパッション》という美徳の権威に人びとが頭を垂れるような事態までは想定しなかっただろう。イギリスの道徳感覚派*の哲学者にとっても、フランスの感性《センシビリティ》の賛同者にとっても、哀れみと同情《コンパッション》は当然のように存在するものだった。一七二八年、フランシス・ハッチソンは、哀れみと同情《コンパッション》は「他者の状態」に向けられた「公的な」感情なのだと絶賛している。それは「利益の衝突が事実上存在しないときや想定されないときに、知覚を持つ全ての人びとに向けられる。他者が幸福でないとき、我々は彼らがそれを得ることを自然と望み、得られたときには喜び、失われたときには悲しむ」ものなのだという。一七三九－四〇年に出版されたデーヴィッド・ヒュームの『人間本性論』も、「哀れみの情念」は「共感という一般的な原理」により発生するとした。**ルソーもまた、哀れみ（pitié）は他者が苦しむことへの嫌悪から起こる、直接的で純粋な感情だと考えたひとりである。[200]

スコットランド啓蒙主義が生んだ道徳哲学は、全てを包括する概念としての共感《シンパシー》をその礎とするものだった。それは社会的なコミュニケーションと結束の土台となり、特定の社会の成員共通の道徳を涵養するという。その仕組みがどのようなものであるか、その推測と可能性は詳

*物事の善悪を直覚的に識別する能力である道徳感覚の存在を認める、一八世紀イングランドやスコットランドの思想家。

**デイヴィッド・ヒューム（石川徹・中釜浩一・伊勢俊彦訳）『人間本性論　第二巻　情念について』（法政大学出版局、二〇一一年）一一一頁。

細に記述され、経験的証左に裏付けられているとされた。ヒュームは、彼の観測が「いかなる哲学の仮説」にもよらず、「もっとも明瞭な経験」を参照するものだと入念に強調したのである。そうした経験は、「他人の情念や気持ち（中略）は、われわれの精神の中では最初は単なる観念として表れ、他人に属するものとして考えられている」ことを証明しているという。そうした観念は次に「それらが表象しているまさにその印象へと転換され」る。するとそれらは、「まさにその当の情念（感情）そのものとなるだけの、そして、どの根源的な感情にも匹敵するだけの情動を生み出すだけの、勢いと正気とを獲得する」のである。この変換のプロセスのおかげで、「他人の気持ちの中にわれわれを入り込ませ」ることが可能になるのである。[*]

このプロセスを起こし、支えているものが「類似性」だった。人は「精神の組織についても、身体の組織についても」互いに類似するため、他者の見解や感情を「容易に、しかもみずから進んで」迎え入れることができるのだ。似通う点が増えるほどに、共感《シンパシー》の度合いも深まる。この観点から言えば、「振る舞いや性格、国や言葉」が似ていれば、より強い共感《シンパシー》が可能になるのである。ひるがえって、「同じ国」の人びとの間で、気質や考え方が「とても均質」なのは「土地や気候の影響から生じる」ものというよりは、共感《シンパシー》からくるものなのである。このように、類似性は共感《シンパシー》を誘い、それが次に社会的な統合と道徳的な共通了解を醸成するのである。したがって、「他人の気持ちは、われわれから遠く離れたところにいる場合には、ほとんど影響しない」のだ。近くにいなければ気持ちは伝わらないのである。[201]

共感《シンパシー》が、ヒュームの著名な論考で通奏低音を奏でているとするなら、同等に重要なアダム・スミスの『道徳感情論』では、音高く鳴り響いていると言えるだろう。一七五九年に出版された同著の第一章は、すぐさま「共感《シンパシー》について」核心に迫っている。第二章は論を進めて「相互の共感がもつ喜びについて」論じている。そしてヒュームよりもさらにはっきりと首尾一貫して、共感《シンパシー》こそが、道徳的な人間として他者と共生するという人間の能力を下支えする自然原理であるとスミスは紹介しているのだ。ヒューム同様、スミスも想像力の重要性を強調している。共感するためには、人は苦しみや喜び、嫌悪や驚き、恐怖を感じている者の立場に立ってみる必要があるのだ。他者の気持ちになってみてはじめて、人はその「人物が感じるもの」を心に思い浮かべ、「それに心を動かされ」るのである。スミスの言う「同胞感情」のおかげで、他者の「感情を思いや」り、彼らが感じるものを感じ取ることができるのである。[**]「傷付きやすい性格であるばかりか、身体の作りも脆弱な」観客——何より女性——には、この種の同胞感情を持つことはたやすかった。しかし観測結果が実証するように、「もっとも頑強な人物」であっても、そうした感情を持つことは可能だったのである。（スミスもまた、経験主

＊ヒューム『人間本性論　第二巻』五二－五三、五五頁。
＊＊アダム・スミス（高哲男訳）『道徳感情論』（講談社、二〇一三年）三一－三二、五六頁。ただし、fellow feeling については、用語の一貫性を保つために「一体感」から「同胞感情」に変更した。

義者であることを非常に重視した。）そしてこれは、特定の感情を感じる当事者が、まずはその感情表現を他者が受け入れやすい水準まで抑えると、さらに上手く機能するというのである。ここでスミスは新たな概念を導入している。それは相互性と自己観察である。人物Aにおのれの感情を別の人物Bの視点から見るようにうながすだけで、それまで「彼（A）が感じていた激しさを和らげる」効果があるというのだ。つまり、共感しようとするBの能力と姿勢を圧倒し凌駕する代わりに、Aは「観察者（B）が自分自身の感情に同調できるように」自らの感情を和らげるようになるというのである。*

自愛心と共感《シンパシー》

互いに相手の立場に立つという、このような複雑な手順を成立させる条件を、スミスはすぐさま指摘している。それは「交友と親しい交わり」である。同胞の前に立ち、彼らに見守られる中で、「世知に長けた男たち」**はおのれの情念《パッション》を抑えて「心に本来の平安を」取り戻し、市民社会を心地良い場所に変える「落ち着いた気質」を身につけるのである。このように共感《シンパシー》は二つの方向に作用する。哀れみや同情《コンパッション》といった同胞感情を作り出すだけでなく、異なる立場に立ってみることで、人びとにおのれの感情を顧みることを強いるのである。スミスによれば、共感《シンパシー》の相互性は二対の美徳を生み出す。ひとつが「穏やかで、優しく、友好的な徳、つまり誠実な謙遜や寛大な人類愛」であり、もうひとつが「偉大で、威厳があって尊敬すべき徳、つまり克己と自制の徳＊＊＊」である。市民社会には両方が、つまり寛大な人類愛と「我々の天性に由来するあらゆる活動を、我々自身の品位、名誉、さらには行為の適合性が要求する水準に従わせようとする激情抑制」のどちらもが必要なのである。[202]

なぜスミスとヒュームはこうした友好的な美徳を重視し、とりわけ共感《シンパシー》と同胞感情に注目したのだろうか。こうした感情は、このわずか数年前にスミス自身があれほど力強く鮮やかに記した近代社会の基本則と矛盾するのではないだろうか。今日まで、アダム・スミスは主に『国富論』の著者として知られ、記憶されている。一七七六年に出版された同著は、近代経済理論の土台を形作ったとされている。イギリスの産業革命の黎明期にスミスは自由市場経済を支持し、国内の発展とグローバルな協力関係にとって有益なものとした。彼が論じるには、自由市場経済は人びとの私利私欲と、それを他者と協力しながら追求する自由に非常に依拠している。利己的な動機が引き金となって実践されるにもかかわらず、この協力関係は最終的に万人の利益となり、社会全体の幸福を増進し、国の（言うなれば全ての国の）富を増やすのである。

このように私利私欲を賞賛し美化するモデルの中に、共感《シンパシー》の入る余地はあるのだろうか。ス

＊スミス『道徳感情論』三二、五五－五六頁。ただし、最後の引用については、文脈に合わせて「情動」を「感情」に変更した。

＊＊この引用については、文脈に合わせて訳者が和訳した。

＊＊＊「つまり克己と自制の徳（the virtues of self-denial, of self-government）」の部分の和訳は訳者による。

ミスの有名な一節によれば、「われわれが食事を期待するのは、肉屋や酒屋やパン屋の慈悲心からではなく、彼ら自身の利害にたいする配慮からである。われわれが呼びかけるのは、彼らの人類愛にたいしてではなく、自愛心にたいしてであり、われわれが彼らに語るのは、決してわれわれ自身の必要についてではなく、彼らの利益についてである。」[203] それならば、スミスはどのようにして共感《シンパシー》から私利私欲や自愛心に至り、またその逆の道をたどったのだろうか。これらの概念は矛盾し相容れないものではないのだろうか。スミスにとっては、そうではなかった。彼によれば、自愛心や私利私欲は決して哀れみや同情《コンパッション》を否定するものではなく、むしろこれらを可能にするものなのである。

　他の多くの著述家同様、スミスもまた、自由と自己決定の究極的な担い手と彼自身を見なす（当時は常に「彼」であり、「彼女」であることは決してない）近代的な個人の概念を用いた。私利私欲が彼の動機であり、自己実現、つまり才能と力量を自由に、そして何人にも干渉されずに行使することが彼の目的である。しかしその目的を達成するためには、彼は自己の完成という共通の目的に向かって競争し協力しあう他の者たちの存在を必要とする。共感《シンパシー》があってはじめて、この共通の企画に彼は参加できるのであり、「道徳感情」を社会に行き渡らせて社会の安定と結束を確かなものとするだけでなく、個人的な幸福も増進できるのである。

　このアプローチは、二つの重要な前提に支えられている。第一に、自愛心自体は忌むべきものではないという了解である。自愛心は、個人の生存と幸福を促進する、自然で必要な感情とされたのである。これは前近代的な、主としてキリスト教的な観念とは一線を画すものである。そうした前近代的な観念によれば、自愛心や私利私欲は不道徳であり、神と人に対する罪として貶められ、断罪されたのである。ところが一八世紀の間に、自愛心は人間を文明化する崇高な役割を担うようになり、一定の条件下では社会全体に利益をもたらす、正当で望ましくさえある感情に変わったのである。

その条件というのが、第二の前提である。すなわち、自愛心や私利私欲と他の需要や必要性は均衡を保たなければならない、というものである。ときには規制や抑制が、ときには刺激や強化が必要なものだというのである。これは社会的なコミュニケーションにおいて、とりわけ市場においてまさに起きていることである。アダム・スミスが見るに、人間はなべて「ある物を他の物と取引し、交換し、交易する性向」を持つ。[204] 交易と交換は、人間を他の人間に大きく依存する存在へと変えるが、実際のところこうした相互依存関係は物のレベルにとどまらず、情念《パッション》と感情のやりとりの領域まで及んだのである。

（人に興味を持たせ行動に駆り立てる最大の力と動機とされた）情念《パッション》は、人を脆弱にし、さらに他者に依存する存在へと変えるものとされた。ここに共感《シンパシー》が関わってくるのである。「愛や喜びという快適な激情」が「付加的な」助けを必要としないのに対して、「悲嘆や怒りといった過酷で痛みを伴う情動」には助けが欠かせないのだ。スミスが強調したように、こうした感情は「共感という治癒的な慰め」を「強く求めるもの」なのである。こうして共感《シンパシー》は受け手を助けるだけでなく、共感できる喜びを与える側の者にもたらすことで、その者の幸福も増大させるのである。[205]

苦しみと哀れみ

哀れみと同情《コンパッション》だけが共感《シンパシー》だったわけではないものの、とりわけ苦しみの中では共感《シンパシー》は切実に求められたのである。愛する者を失い悲嘆にくれる者や怒りにとらわれた者は、彼らの感傷《センチメント》を共有し、具体的な援助やなぐさめの言葉をもたらす者をとかく必要としたのである。互いに相手の立場に立つという相互的な手順が機能すれば、彼らの強く激しい感情を落ち着かせる一助にもなった。たとえそれが上手く機能しなくとも、共感《シンパシー》には驚くべき効果があった。「同病相憐れむ（Misery loves company）」や、「悲しみは分かち合えば半分になる（英語で a sorrow shared is a sorrow halved、ドイツ語で geteiltes Leid ist halbes Leid）」といったことわざがその証左である。

スミスの議論は、ドーヴァー海峡を挟んだフランスで、ルソーが哀れみと同情《コンパッション》について行った考察と多くの点で類似していた。一七五五年、ルソーは哀れみ（pitié）とは自然で普遍的なものであると述べている。「あらゆる反省に先立つ、自然に基づいた純粋な衝動」であり、理性に「先立つ」ものだというのである。そしてそれ自体が、「人間の魂の」「作用」を導く二つの原理のひとつであった。すなわち、人間は他の人間（や動物）の苦しみを見るに耐えられない、という原理である。つまり哀れみは、もうひとつの原理である、おのれの「安寧と保全」への関心に寄り添い、それを抑制するものなのである。[206]

　スミス同様、ルソーにとっても自愛心と同情《コンパッション》はどの人間にも備わる「自然な」能力であり、二つは「調和と連携」が取れなければならないものだった。しかし、ここから両者の議論は分かれる。ルソーが市民社会を人間の発達の一段階と見なし、同情《コンパッション》しようとする人間本来の性質を阻害するものととらえたのに対し、スミスはそれを真っ向から否定したのである。スミスにとって、市民社会と自由市場経済は、ありとあらゆる種類の共感《シンパシー》と手を携えて進展するものだった。彼の言うところの「同胞感情」は、「あらゆる種類のどんな情念《パッション》」をも対象とするものであり、ルソーのように痛みと死の苦しみだけに限定されるものではなかったのである。つまり、ルソーの記述が楽園の喪失をイメージさせるものだったとすれば、スミスは（実在する）未来を、進歩的で積極的な私利私欲の力と隣人を見守りなぐさめる共感《シンパシー》の力が調和した状態として思い描いたのである。

　ほぼ同時代ながらも異なる地で著されたことが、両者の見解が対照的なものとなった理由の（少なくとも一端を）説明しているだろう。ルソーは、大陸ヨーロッパで支配的だと彼が見なした政治的・社会的な秩序、つまり絶対主義王制と社会的不平等による社会の分断に批判的だった。反対にスミスはイギリスという、政治体制もフランスほどには抑圧的ではなく、社会も比較的開放的で流動的で、すでに資本主義化がはじまっている国の人間だった。そのためスミスの目には未来が過去よりも有望に映ったが、ルソーは（専制君主制が失墜した後に訪れる）未来を、（スミスが経済的発展の源と考えた）分業体制と私有財産制度が廃止されることで、かつての幸福な自然状態に一歩近付く時代と考えたのである。

友愛《フラテルニテ》とフランス革命

ルソーの死の一二年後、フランス革命は（専制的ではなくとも）権威主義的なアンシャン・レジームに終止符を打った。しかし、ルソーが悲惨な社会状況の元凶と見なしたもの、つまり私有財産制度と分業体制、社会的不平等が革命によって解消されることはなかった。とはいえ革命は、スミスとルソー双方の思想に含まれる二つの重要で革新的な概念を世に広めたのである。それは普遍的人権と友愛《フラテルニテ》である。この二つの概念の登場は近代社会の、そしてグローバルな秩序の発展において画期的な事件だった。そしてそのどちらもが、スミスとヒュームが共感《シンパシー》と呼んだものに強く依存するものだったのである。

一見この二つの概念は、伝統的なキリスト教的兄弟愛と多くの共通項を持つように見える。革命家の思い描いた友愛《フラテルニテ》も、兄弟愛と隣人愛の意味論を想起させるものだったのである。原始キリスト教の時代から、キリスト教徒たちはユダヤ教の例にならって互いを兄弟と呼び、同じ信仰のもとで育まれた愛のきずなを強調した。中世になると、別々の修道院に住まうものの同じ修道会に所属する修道士たちによって結成された、独特の兄弟団（fraternitates）の発達が見られた。商人や職人たちは、彼らにならってそれに似た兄弟団（confraternitates）やギルドを設立したが、こうした組織は宗教的・世俗的な機能の双方を果たすものだった。一五二四－二五年に、封建的特権と専制君主制に対して反乱を起こしたドイツの農民にインスピレーションを与えたのも、修道士の兄弟団だった。彼らは互いを「キリストのもとの兄弟」と呼び、他の者にも「キリスト教的な連帯と兄弟のきずな（Brudershaft）」に加わるよう呼びかけたのである。このように農民たちの兄弟団は、修道士や市民たちのものとは異なり、特定の組織に限定されることなくその垣根を超えるものだったのである。

一八世紀になるとこの動きは加速する。フリーメイソン*がその最たるものであり、兄弟愛の礼賛を浸透させたが、それは二つの点でそれまでのモデルや伝統とは一線を画すものだった。第一に、これは徹頭徹尾世俗的なものだった。フリーメイソンのロッジは明確に非宗教的であり、異なる信仰を持つ者にも開かれていたのである。カトリックやプロテスタント、そしてユダヤ教徒も参加が許され、実際に参加した彼らは、ロッジの外の生活では得られない兄弟愛のきずなを経験したのである。第二に、フリーメイソン的な兄弟愛の理念は、社会的な地位のちがいを超えるものだった。その理念は出自の異なる男性たちを融和した。具体的に言えば、貴族と富裕層や教養を持つ中流階層の間の溝を埋めたのである。秘密めいた雰囲気に守られたロ

＊一八世紀初頭に組織された秘密結社。

ッジでの親密な付き合いの中では、外の社会では不可能で想像さえできないような交友と交流の儀式にふけることができたのである。そこでは、生まれ持った特権や社会的地位よりも、その者が生来持つ善良さが重視された。互いの関係の中には「自然という水準器」の他には何も持ち込まないことで、フリーメイソンの会員は互いにただの兄弟として認めあったのである。[207]

それでは、フリーメイソンの兄弟の共同体に属さない者はどうだったのだろうか。自然が人を兄弟と定めるのであれば、彼らもまた兄弟ではないのだろうか。原理的にはその通りでも、現実にはそうではなかった。その原理はと言えば、一七八六年、フリードリヒ・シラーの手で詩に歌われている。その詩は、後にルートヴィヒ・ヴァン・ベートーヴェンによって第九交響曲として曲が付けられ、世界的に知られるようになったものである。フリーメイソンに共感するシラーは、この詩において、歓喜こそ全ての男性を兄弟に変える力なりと賛美している。シラーが世界市民主義《コスモポリタニズム》への支持を公言していたことを鑑みると、この詩は人類を包括する兄弟団と兄弟愛への明白な傾倒を表現していると言えるだろう。しかし現実の生活では、いささか勝手はちがっていた。フリーメイソンのロッジでは兄弟愛は会員の間だけで実践され、ヨーロッパは平和でむつまじい「家族」とは到底呼べないものだったのである。国家と国民の関係は、「全ての知的な人びと」の連帯をもたらすはずの世界市民的《コスモポリタン》なきずなではなく、「敵愾心に満ちた利己主義」に定められていた。歴史の究極の目的は「我らが人道的なる世紀」の到来であるとシラーは信じようとしたが、楽観的な者であっても、とてもそのような未来がくるとは思えない状況だったのである。[208]

若いシラーが教授としてイエナ大学で世界史について就任講義を行ったその六週間後、パリの群衆はアンシャン・レジームの象徴を破壊した。時を待たず、新たな社会の建設という野心的なプロジェクトを規定する三大原理のひとつとして、友愛《フラテルニテ》がかかげられた。平等《エガリテ》と自由《リベルテ》がどちらかと言えば抽象的な目標であったのに対して、友愛《フラテルニテ》には、人びとをただちに引き付ける魅力があった。友愛《フラテルニテ》は市民たちを融和させ、自由と平等の実現をうながしたのである。抱擁や宣誓、愛の宣言といったその実践は、革命によって束縛から解き放たれた楽観的な共同体精神を再確認する行為として行われた（図9）。たとえばバスチーユ襲撃一周年を祝うためにシャン・ド・マルスに集った人びとは、友愛《フラテルニテ》の不変のきずなで結ばれ結束を崩さないことを、全てのフランス人に対して（à tous les Français）誓っている。革命の炎の中で生まれた新たなるフランス国民は、こうして兄弟愛、互助と結束力で結ばれた兄弟としての国民と理解されたのである。[209]同時に、他の国民の同意の有無にかかわらず、その兄弟のきずなは地理的な国境線を超えて差しのべられた。そして友愛《フラテルニテ》のきずなで結ばれることを拒む者は、軍事力をもって受け入れさせられたのである。[210]

図9　「友愛の甘い言葉」（1794年）

イギリスの共感《シンパシー》概念同様、フランスの革命が生んだ友愛《フラテルニテ》の概念も、それまでの伝統や様式、実践とは決別し、同情《コンパッション》や兄弟愛に関する新しい解釈をもたらした。共感《シンパシー》は三つの点で、キリスト教的な概念としての慈悲《ミゼリコルディア》とは異なった。第一に世俗的な性格を持った点、第二に相互性がある点、そして第三に自然なものであるとされた点である。世俗的であるということは、同じ信仰を持つ者（「キリスト教的兄弟」）に共感《シンパシー》が限定されることもなければ、信仰によって強制されることもないということである。そして相互性があるということは、同情《コンパッション》を与える「能動的な」者とその感情を向けられる「受動的な」者の区別もないということである。共感《シンパシー》の場合、両者は対等な立場にあり、立場の入れ替わりも常に可能だが、宗教的な美徳としての憐憫《コンパッシオ》の場合、能動的／受動的な者の区別は固定化されるのである。さらに言えば、憐憫《コンパッシオ》は神と人の愛に由来する抽象的で規範的な誓約とされるため、自然に感じられるというよりは感じて然るべきとされるものだった。対照的に、共感《シンパシー》は人の本質から湧き出るもので、純粋に人間的な特性であり、そのため普遍的に共有されるものである。信仰や階級、国籍やジェンダーにかかわらず、世界中のいかなる場所でも人が感じるものとされたのである。普遍的であるため、はるか遠くの地まで伝わり、その地の人びととつながることを可能にしたのである。キリスト教が説くような「隣人愛（Nächstenliebe）」として小さくまとまることなく、共感《シンパシー》は世界の全てを対象とすることが可能であり、そうすることを指向するものだったのである。

人権

とはいえ、ヒュームの言うように、相手が自分とかけ離れた存在ではない方が、共感《シンパシー》を感じたり表明したりすることも容易だった。友愛《フラテルニテ》についてもそれは同じであることは、フランス人もじきに悟った。そしてまた、フランス革命を機にアメリカから取り入れられた人権の原理についても、このことは当てはまったのである。アメリカの植民地がイギリス帝国から独立することを正当化するために、一七七六年の『独立宣言』は、「人間はすべて平等に創造されており、創造主から不可譲の諸権利をあたえられており、それらのなかには生命、自由、幸福追求の権利がある」ということは「自明」の真理であると訴えている。[*] 一七八九年のフランスの『人間と市民の権利の宣言』(『人権宣言』)では、同じメッセージが「人間は自由で権利において平等なものとして生まれ」るという言葉でまず繰り返された上で、権利における平等は「自由、所有権、安全、および圧政への抵抗」に限定されている。[**] この『人権宣言』は大胆で進歩的なものだったが、その遺漏もまた明白である。女性は自分たちがまとめて除外されていることをすぐに理解したが、それはフランス植民地の奴隷たちについても言えることだった。この

＊歴史学研究会編『世界史史料　七　南北アメリカ　先住民の世界から一九世紀まで』(岩波書店、二〇〇八年)一六一頁。
＊＊歴史学研究会編『世界史史料　六　ヨーロッパ近代社会の形成から帝国主義へ　一八〜一九世紀』(岩波書店、二〇〇七年)二九頁。

ようにフランスの国土に居住する者の間にさえ「人間のもつ譲渡不可能かつ神聖な自然権」*が与えられていない者がいたのである。ジェンダー、法的地位、そして国籍の点で条件を満たして市民と見なされた者だけが、これらの権利と積極的な市民権の行使に含まれる友愛《フラテルニテ》を享受できたのである。

それでも人権の理念は短期間で広く知れ渡るようになり、その適用対象から外された者が権利を求めて声を上げるきっかけとなった。一七九一年、女性運動家のオランプ・ド・グージュは『女性および市民の権利の宣言』を出版し（その二年後、ギロチンにかけられ）た。同じ頃、サン＝ドマング**の奴隷は反乱し、一八〇四年、ついに自由と国家の独立を手にしたのである。一七八九年にフランス国民議会が提示した希望と理想は、具現は難しいと知られてなお、その力を失わなかったのである。こうして解放を求めるヨーロッパのユダヤ人の運動にインスピレーションを与え、英国王陛下（ジョージ四世）によるカトリック解放を後押しし、女性運動に戦う力を与えたのである。[211]

これらの運動は、与えられるべき「人間の権利」が与えられていないと感じる社会集団が起こしたものである。彼らは人権という新しい理念を受け入れ、彼らの自由、所有権、そして安全を侵す全ての制限や差別に対して抗議し抵抗したのである。しかし、彼らの成功は他の者の支持次第だった。たとえ全てのユダヤ人やカトリックや女性が権利の要求のために団結したとしても、彼らの要求を権力者の意に反して押し通すことは不可能だった。なぜなら彼らの要求の実現には、平たく言えば権力者の同意が、より抑えた言い方をすれば承諾が不可欠だったからである。そしてここで共感《シンパシー》（や友愛《フラテルニテ》）が力を発揮するのである。

奴隷制度廃止論と感性《センシビリティ》の変化

共感《シンパシー》や友愛《フラテルニテ》がどのような効果を発揮したのかは、際だった人権侵害や抑圧を受けているとされた人びとや生き物の救援のために生まれた運動を例に見ると、とりわけ分かりやすいだろう。その好例が奴隷制度廃止論である。そのはじまりは一八世紀であり、最初に奴隷制度廃止運動の団体が組織されたのはアメリカのフィラデルフィアで、それにイギリスが続いた。奴隷貿易の廃止を求めたのは、人間の平等をうたう宗教的な理念に動かされたクエーカーや英国国教会の福音主義者だった。彼らは大規模な請願活動を行い、奴隷労働によって生産された、砂糖のような製品のボイコットに成功したのである。イギリス政府が彼らの要求を受け入れ、イギリス船籍の船舶による奴隷貿易を禁止すると、彼らは「イギリス植民地」、主にカリブ海「における奴隷制度の即時廃止」を求めるようになった。そして彼らは講演会や集会で訴えを繰り返し、奴隷の逃亡を幇助し、逃亡奴隷をかくまい続けた。ロンドンの議会に提出された奴

＊歴史学研究会編『世界史史料　六』二九頁。
＊＊カリブ海のイスパニョーラ島にあったフランスの植民地。一八〇四年ハイチの名で独立を宣言。

隷制度廃止請願には、一八三二-三三年の間に一五〇万人のイギリス人が署名し、議会はついに奴隷制度廃止法を承認することになる。そして一八三四年をもって、イギリス帝国の全ての奴隷が解放されたのである。[212]

　奴隷制度廃止論は、近代史上はじめてあらゆる階級・年齢・ジェンダーの人びとを巻き込む大衆運動を引き起こした。運動は宗教的な色彩を帯びたものだったが、それでもより世俗的な価値観を持つ市民の心も動かし、幅広い支持者層が賛同したのである（図10）。その言葉遣いは、一七四〇年代から発達した感性《センシビリティ》の様式を汲んだものである。その様式の流行後、デカルト流の「コギト・エルゴ・スム（我思う、ゆえに我あり）」に、「我感じる、ゆえに我あり（Je sens donc je suis）」というモットーが加わるようになった。[213] こうして感覚《フィーリング》と感動《センセーション》が認識と判断の手段へと高められた結果、自省と感情の昇華をうながす文化的実践や技法が大流行した。[214] 自分は感性《センシビリティ》と思いやりがあると考える男女にとって、どのように感じ、どのようにおのれの感覚《フィーリング》を同好の士と共有するかは最大の関心事になったのである。感性《センシビリティ》、フランス語で sensibilité、ドイツ語で Empfindsamkeit は、イギリスや北米、フランスや中欧のドイツ語圏のいずれをも席巻し、熱狂を生んだのである。人気小説で育まれた感性《センシビリティ》の様式は、手記や日記、書簡といった、決して女性や若者だけのものとは言えない種のメディアへと広がっていった。感性《センシビリティ》の文化は、もともとは男性にも受け入れられ、出自のちがいを超えて広がったものだったのである。真心や誠意に欠けるという批判をしばしばともなったにもかかわらず（もしくはかえってそのために）、台頭しつつある中流階層だけでなく、貴族や地主層にとっても魅力的なものになったのである。

一八世紀の終わり頃になると、このような真実の深い感情の礼賛は、そうした感情には力も積極性もないと感じる者から次第に批判されるようになった。たとえばカントにとっては、「他人の感情に自分の感情を共鳴させることによってただひたすら受け身に感動してしまうといった、感情によるだけで実行の伴わない同情」は男らしくないものだった。共感《シンパシー》が「実行を伴い」「執着」されるものになるためには、精力的な性質を備える必要があったのである。[215]ほぼ同時代に生まれた様々な改革運動の中で起きていたのは、まさにこの種の変化だった。しかし、弱く女性的な感性《センシビリティ》を批判したカントやその他の者が、こうした改革運動の存在に気付くことも評価することもなかったのである。改革運動の参加者や支持者たちは実際に感情を行動であらわし、結果として、感情的な男とは詩を口ずさんだり小説の主人公の悲運に涙したりするだけだというイメージを否定したのである。[216]

そうした改革運動の中では、奴隷制度廃止運動がもっとも包括的なものだったが、同じように当時の男女の、恵まれない者の身になってみる力と姿勢に支えられた運動は他にも数多く存在した。たとえば一七七四年に、州長官のジョン・ハワードがイギリスの獄囚の劣悪な待遇について庶民院で証言すると、改

図 10　反奴隷制度のメダル（左：18 世紀末、右：推定 19 世紀）

善法案がただちに承認されている。その三年後、ハワードはイングランドとウェールズ及び他のヨーロッパ諸国の監獄の状況を長年にわたり調査した記録を刊行した。するとそれは人びとに熱心に読まれ、監獄改革は広義の人道主義の懸案事項に加えられたのである。ホイッグ党の有力政治家で雄弁家だったエドマンド・バークは、ハワードを「天与の才」と「人類愛」に満ちた本物の改革者と呼び、常に「悲惨、抑圧、侮蔑を見定める」覚悟を持ち、「忘れられた者を思い、打ち捨てられた者に寄り添い、見捨てられた者を訪う」者だとたたえている。[217] 数年後、エリザベス・フライは女囚に特段の関心を寄せ、彼女たちの待遇の改善を積極的に訴える協会の創立に寄与した。これが一八二一年のイギリス女囚改革推進女性協会の創立につながったが、同協会はイギリスにおけるはじめての全国規模の女性組織である。次いでエリザベス・フライは、女性看護師のための職業訓練校をはじめて創立している。フローレンス・ナイチンゲールの生き方や組織の設立と運営の方法は、このエリザベス・フライをロール・モデルとしたものなのである。[218]

他者の苦痛に心を痛めた女性たちは、ときに男性と並び立って、ときに彼女たちだけで声を上げて行動した。こうした行動は、受動的な共感《シンパシー》や静かなもの思いとはかけ離れたものだった。このような感傷《センチメント》や感情《アフェクション》が、それ以前の時代から存在していた可能性はある。しかし勢いを得て、博愛主義的な協会や専門団体の設立をもたらしたのは一九世紀なのである。改革と自助の精神に透徹された市民社会においては、市民が自ら問題に取り組み、窮地にあると見なされた者に「進歩」を届けるよううながされたのである。つまり、共感的な感情の礼賛は社会問題への関心を高め、社会的な変革の実現において決定的な役割を担う運動を生み出したのである。

百科事典に見る共感《シンパシー》

このように共感《シンパシー》と同情《コンパッション》は、近代社会の懸案事項ではなくなるどころか、それまで以上のスケールの、そしてはるかに切迫した問題となって戻ってきたのである。このことは百科事典にも反映されている。一八世紀中頃までは、共感《シンパシー》は主に生理的、宇宙論的または魔術的な関係として説明されていた。一七四四年のツェドラーの『百科事典』では、たとえば惑星や植物、動物のような「二つの存在物の間の目に見えない呼応関係」を示す自然の概念と定義されている。[219] その二〇年後、フランスの『百科全書』では共感《シンパシー》の生理学的な根拠が論じられ、共感《シンパシー》とは「身体の各部による相互の交信であり、身体の各部分が互いに依存し、特定の位置に固定され、苦痛を共有することを可能にするものであり、他の部分がこうむった痛みや病を伝達するものである」と定義されている。ここでは共感《シンパシー》は純粋に病理学的な現象として扱われ、快い感覚が伝えられることもある、と話のついでに著者が認めているだけである。[220] しかしそれ以降、共感《シンパシー》は次第により複雑な社会的・道徳的意味合いを帯びるようになる。ディデロとダランベールの編纂した『百科全書』の時代から一世紀下った、ピエール・ラルースの『一九世紀大百科事典』では、共感《シンパシー》は何よりも「他者が経験する感覚や印象を共有しようとする自然な性向」であるとされている。[221] 同様に、一八四七年版のドイツの『ブロックハウス百科事典』は、共感《シンパシー》（Sympathie）の「心霊的」側面を生理学的側面よりも強調している。そこでは、感情移入《エンパシー》（Mitempfindung）とは「他の者の感傷《センチメント》の無意識な模倣」であると紹介されている。つまり「喜びの共感《シンパシー》と同情《コンパッション》（Mitfreude und Mitleid）」を感じることで、その感覚《センチメント》を「まるで我々自身が感じているかのように」共有するものだというのである。[222] この定義は、今日まで基本的に変わっていない。

さらに、共感《シンパシー》／感情移入《エンパシー》と同情《コンパッション》が道徳的に重要なものになっていったことは、事典類にも反映されている。すでに一七三九年には、ツェドラーの『百科事典』において、同情《コンパッション》（Mitleidigkeit）は「合理的な自愛心」と十分に両立できると述べられている。彼はまた、同情《コンパッション》は能動的な要素を持つべきだとも記している。「合理的な同情《コンパッション》」とは、友人を見舞った災いに思いをはせたり、哀れんだりするよりも、「苦しむ者が元気と喜び」を取り戻せるように尽力するものなのである。[223] ツェドラーのこの記述は、一八世紀末の「感性《センシビリティ》への熱狂」に対する知識人の批判を予見するものである。一九三二年になっても、こうした正しい同情《コンパッション》と「誤った」同情《コンパッション》の対比は繰り返されている。同情《コンパッション》とは、助けをもたらしてはじめて「道徳的に価値」あるものとされるのである。二〇〇六年には、そうした助けとは「積極的な援助や寛大な行動、相手の希望の尊重」であるとさらに規定されるようになる。[224]

つまり、他者が感じるものを感じ取るだけでは不十分だったのである。これは今日感情移入《エンパシー》と呼ばれるものに当たるが、この語が事典に収録されたのはほんの数十年前のことである。それ以降、アングロサクソン系の哲学や心理学は、使用する概念を共感《シンパシー》から感情移入《エンパシー》に切り替えた。しかしながら、この二つの概念の区別が本当のところ何を示すのかは必ずしもはっきりせず、二つの用語が同義語として扱われることも珍しくない。[225]この混乱を回避するためにも、感情移入《エンパシー》については、ドイツ語でのEinfühlung（感情移入）の意味だけで使用する方が合理的だろう。感情移入（Einfühlung）という用語は、二〇世紀はじめに心理学と美学理論で目立つようになった。この言葉のおおよその意味は、他の人間の心境になってみるしか相手を知るすべはない、ということである。相手の立場や表情を共有することで、私たちは相手に投影できる感傷《センチメント》を得るのである。この意味での感情移入《エンパシー》は、他者に対する積極的な配慮をともなうものではなく、ましてやそうしたものが必要とされる行為でもない。[226]対照的に共感《シンパシー》は、一八世紀以来の用例によれば、他者を助けようとする協力的で情け深い姿勢が感情移入《エンパシー》と合わさったものなのである。[227]

ショーペンハウアーの隣人愛（Nächstenliebe）とニーチェの遠人愛（Fernsten-Liebe）

つまり、感情移入《エンパシー》は共感《シンパシー》や同情《コンパッション》といった感情が生まれる土壌なのである。しかし感情移入《エンパシー》とは異なり、共感《シンパシー》、またそれ以上に同情《コンパッション》には目的というものがある。それは、介入し相手を助けるということである。一九世紀に特に顕著になったのが、この目的志向である。同情《コンパッション》という感情を積極的な社会貢献に変えようとする人びとの数が増え続けたのである。彼らのおかげで大規模な慈善事業が組織され、社会状況の改革をめざす協会が設立され、自身も含めた人びとの生活を改善する社会運動が発足した。一八三九年にドイツの哲学者アルトゥール・ショーペンハウアーが、人間の行動を規定する三大要素のひとつ（他の二つは利己心と悪意である）として同情《コンパッション》を挙げたのは、この展開を受けてのことである。同情《コンパッション》、つまり他者の苦痛に対する直接的で純粋な関心は、道徳の、正義の、そして人類愛（Menschenliebe）または隣人愛（caritas）の真の基盤だというのである。ショーペンハウアーはこれを「不可思議な」現象と呼んでいる。なぜ人が他者と同一化し、少なくとも一時的に彼我の壁を取り払うのかは、合理的な説明ができないからである。しかし、同情《コンパッション》が存在するという証拠は、日常生活の中でいくらでも目にすることができた。ミクロ社会的なレベルでは、ある人間が他人同然の者のために命を捨てるときに。そしてマクロなレベルでは、イギリスが奴隷制度を廃止し、登録された奴隷所有者に賠償するために二千万ポンドを集めたときに。ショーペンハウアーはまた、イギリスで最初に組織され、一八五〇年代からドイツへも波及した、動物を人間による虐待から守るための様々な運動にも言及している。[228]

　ショーペンハウアーがデンマーク王立科学アカデミーに提出した、「道徳的基盤」に関する考察は賞を得ることはなかったが、ルソーからの受け売りがほとんどを占める彼の議論は、結果的に非常に強い影響力を発揮することになる。積極的な行為を重視し、世界をより良くすべきだと訴えた点で、時代精神（Zeitgeist）にかなっていたからである。さらに言えば、彼がルソー同様、同情《コンパッション》（と道徳）は宗教的規範ではなく、人間の本質からくるものだと訴えたからでもある。慈善心や情け深さといった理念に関するキリスト教の権威を、ショーペンハウアーはルソーよりもはるかに根本的に否定したのである。彼いわく、宗教の道徳的な影響力は相対的にわずかなものなのである。[229]というよりは、道徳は人間の本質そのものに由来するからには永遠不変のものだというのである。

その数十年後、フリードリヒ・ニーチェは、彼の言うところの世俗的な「同情の宗教」に発展してしまったものに激しい非難を浴びせた。民主主義の時代になって――「下は禽獣から、上は『神』にまで」及ぶ――同情《コンパッション》が公共の、そして政治の関心事に有無を言わせず収まってしまったというのである。普遍的な同情《コンパッション》の道徳が、つまり苦痛に対する「死ぬほどの憎悪」と、生き物が苦しむ姿を見ることもできないという「殆んど女性的な無能力さ」が制度化されてしまったという。ヨーロッパの社会が、このことを明らかに人間の文明の最高峰かつ真髄と見なしたのに対して、ニーチェの見解はちがった。ニーチェは、彼の言うところの「畜群道徳」を徹頭徹尾軽蔑し、民主主義の時代の後に訪れる高貴な英雄主義の「新しい」道徳として彼が思い描くものにとって、同情《コンパッション》こそが最大の脅威であると見なしたのである。[230]

そうした未来像は（多くの同時代人には魅力的なものだったが）横に置いておくとして、ニーチェの考察や批評にはいくつか重要な真実も含まれていた。一八八〇年代に活躍したニーチェは、同情《コンパッション》に基づく行動の大流行を当時目の当たりにし（そして、それに対して反発し）たのである。それを弱く女々しいと評した彼の言葉遣いは、男性的な強さと支配的な道徳に彼が抱いていた幻想を浮き彫りにするものである。しかし同時にニーチェは、ショーペンハウアーのような「古い」倫理学者が見落としていた同情《コンパッション》の特性を鋭く指摘してもいるのである。第一に、おのれの弱さや苦しみを通して他者に「苦痛」をもたらす者の（意識的な、または無意識の）意図を指摘している。「同情されたいという渇望」は、他者に対して力を行使するおのれの能力に快感を感じることに他ならないのである。第二に、ニーチェは慈善の心理の重要な一面を見抜いている。哀れみを感じ行動であらわす行為は、哀れみを求める行為以上に権力の行使と深く結び付いている。おのれの命や身体を犠牲にする者は、権力を欲し権力に執着するからそうするというのである。十人並みの平凡な暮らしを良しとする、誇りも高貴さも持たない者にとっては、苦しむ者なら誰であれ愉快な贈り物だというのである。同じ調子で、彼は「そこでは、娼婦の徳としての同情がほめたたえられ」[*]ていると論じている。「自分の道」を歩む強さと勇気を欠き、他者の愛と感謝に依存する者にとって、同情《コンパッション》は魅力的なものだったのである。第三に、同情《コンパッション》は、それを受ける者の誇りを傷付けることで、実際に相手をはずかしめるというのである。しかし、はずかしめはその者に道徳が欠けていることを示すことと同義である。つまり逆に言えば、誰かがはずかしめられることがないようにすることこそが、もっとも人道的な行いなのである。[231]

ニーチェは、下品で意気地のない隣人愛（Nächstenliebe）に耽溺する代わりに、遠人愛（Fern-sten-Liebe）、つまり遠く離れ容易には手が届かない者への愛を持つべきだと訴えている。彼いわく、遠人愛ならば二つの陥穽を回避することができるというのである。すなわち、自分にさえ向けないような愛を隣人に投影する行為と、社会から排除される危険の二つである。「諸君の隣人愛は、そこに居ない者を犠牲にする。君たちが五人集まれば、いつも六人目が血祭りにあげられる」からである。[232]

同情《コンパッション》とその欠点

慈善心や兄弟／隣人愛に人を排除する力があることを強調したニーチェの主張は、核心をつくものだった。その一世紀以上前、哲学者モーゼス・メンデルスゾーンも同様の主張をしている。ルソーの『人間不平等起源論』をドイツ語訳したメンデルスゾーンは、ルソーの自然や市民社会、同情《コンパッション》に関する主張を批判的に検討した。人間は哀れみを感じる本質的な性向を持つというルソーの考えに、メンデルスゾーンは納得できなかったのである。人は「調和と秩序」や完全無欠さを快く感じる反面、不足や喪失に直面すると苦痛を感じ、改善したいという衝動を感じる。これがメンデルスゾーンの言う同情《コンパッション》（Mitleiden）である。同時に彼は、同情《コンパッション》が

＊フリードリヒ・ニーチェ（森一郎訳）『愉しい学問』（講談社、二〇一七年）一三番、七三 - 七五頁。

恩着せがましさをともなうこともよく理解していた。一般的に、人を哀れむ者は、相手よりも完全無欠さ（perfectibilité）により近い場所に立っており、相手が自分と同じ高みまで上ってくることを求めているというのである。このように、ルソー的な自然由来の哀れみ（pitié）でさえ、上下関係、つまり与える者と与えられる者の間の非対称性を押し付けるものなのである。

　ユダヤ人という、許容された者という立場でプロイセンに暮らしていたメンデルスゾーンは、哀れみなど望まなかったのである。哀れみとは、上位の者の支配下に降ることに他ならない。上に立つ者は、相手を見下し情けを与えることで、相手が恥ずべき劣った立場にあると思い知らせるからである。メンデルスゾーンが哀れみの代わりに選び、本当に大切にしたのは、愛、それも神の完全無欠さを反映する同胞の愛だった。愛ゆえに人は他者と共にあろうとし、相手の美徳を享受し、そして完全無欠さを求めてあくなき努力をするのである。[233] このように、愛は同情《コンパッション》よりはるかにバランスの取れた、相互的なものだった。愛が結ぶきずなが対等なものであるのに対して、同情《コンパッション》はと言えば、同情《コンパッション》する者はされる者よりも良い境遇にあり、与えられるだけのものを持つことが前提となる。おのれが序列の最下位として扱われる状況が容易に想像できる身の上だったメンデルスゾーンは、こうした問題に非常に敏感だったのである。差別や財産の没収、追放の危険と常に隣り合わせのマイノリティのひとりだった彼には、哀れみと自然よりも愛と社交（Geselligkeit）の方がより安全な未来を保証しているように思えたのだ。

哀れみと同情《コンパッション》は、非対称的で潜在的に人を貶めるものであるだけでなく、あまり共通項がない者や見知らぬ者と共有しにくい感情だった。共感《シンパシー》を持つためには近さというものがどれほど大切であるかは、すでにヒュームが指摘した通りである。メンデルスゾーンの親友ゴットホルト・エフライム・レッシングも、ルソーに影響されて同情《コンパッション》を最高の美徳と見なしたものの、自分たちとまったく同じ者や容易に一体化できる者に同情《コンパッション》を感じる方がはるかに簡単であることも理解していた。同一性（ヒュームにとっての類似性）と近さこそが同情《コンパッション》を助けるのである。ただ同じ人間であるというだけで、どんな相手とも一体感を持つことができる者はごく少数だった。百科全書派が主張したように、感性《センシビリティ》が「人間性の母（la mère de l'humanité）」だったとしても、実生活における同胞感情は哲学者たちが予想したよりも希有だったのである。[234]

反対勢力や障害

事実、共感《シンパシー》や哀れみ、同情《コンパッション》をはばむ要因はひとつではなかった。物理的な距離や単なる無知だけでなく、道徳意識や先入観も手ごわい相手だった。世界市民主義《コスモポリタニズム》や普遍的兄弟愛といった、シラーのような人びとが喧伝した流行の理念は、国民国家という新しい概念を奉じる者から強い反発を受けたのである。フランス革命期の定義に従えば、国民国家とは友愛《フラテルニテ》とは何よりもまずフランス国民を結束させるものである。大抵の場合、愛国心、つまり祖国と国民への愛も、内外の敵を犠牲にすることで同様の機能を果たした。ヨハン・ゴットフリート・ヘルダーが提唱したような、異文化と異民族への肯定的な評価は、人類学者が世界の人類の分類を進める過程で次第に否定されるようになったのである。ヘルダーによれば、全ての文化は平等であり、独自のものとして評価されるべきだった。しかし、彼に賛同しない者の目には、ある民族は他のものよりも動物的であるように映り、そのことが前者の抑圧と後者による支配を正当化したのである。そうした優劣は一九世紀の間にますます人種のちがいに還元されるようになり、啓蒙主義的な進歩と発達の理念を葬り去ったのである。こうした理屈によれば、優性人種が到達した段階と地位に劣勢人種が至ることは決してないのである。彼らとて向上することは確かに可能ではあるが、常に一歩遅れたままだというのである[235]。

この種の侮蔑の構造は、異人種と見なされた相手に共感《シンパシー》と兄弟愛を感じることをいちじるしく困難にした。シラーが十二分に理解していたように、こうした感情は相手が基本的に対等な立場にあることを前提とするからである。異人種と見なされた者は、代わりに哀れみの対象にされたが、そうした感情は非対称性や上下関係、見下しをともなうものである。たとえばヨーロッパの宣教師や行政官、教育者が「文明化の使命」を負ってアフリカやアジアへおもむいたとき、彼らはその任務が植民地の臣民のためになると確信していた。積極的で精力的な援助をともなう「男らしい」同情《コンパッション》を彼らに向けることで、最終的には原住民を因習や未開の習俗から解き放てると考えていたのだが、そうした解放は人種のちがいや不平等を完全に解消するものではなかった。また同時に、そうした介入はヨーロッパ人の優越感と自身の有能さへの自信を強めるものだった。ニーチェが指摘したように、同情《コンパッション》とは弱者にそうした権力を好ましいものとして受け入れさせ、愛と感謝で報いさせるはずのものだったが、期待通りにいかなかった場合は、一八五七年のインド大反乱のときのように、権力者たちは他の手段をとったのである。[236]

　この場合の他の手段、つまりむき出しの暴力と弾圧は、ヨーロッパ人（と非ヨーロッパ人）が文明化をまったく求めずに植民地化だけを推し進めた時代と場所では、至る所で目にするものだった。一九四三年、ヒムラーが親衛隊士官たちになぜスラブ人やユダヤ人を殺戮しなければならないかを説いたとき、彼はヘルダーの文化平等の理念を（「酩酊の中で書かれた」と）あえて否定しあざけった。彼はロシア人、ポーランド人、ユダヤ人を単に劣性人種であるだけでなく、奴隷化し全滅させるべき人間以下の種族と呼んだのである。まったくちがう存在である非ゲルマンの種族にまで、ドイツ的品位（Anständigkeit）や人の良さ、心（Gemüt）を向けることは、完全に誤りであり危険な行為だった。誠実さや品位、忠誠や仲間意識はもっぱら「我々の血族」にそそがれるべきものだったのである。彼らだけが親衛隊の無条件の愛や犠牲、共感《シンパシー》に値するのである。[237]その二年前、占領地ポーランドの総督ハンス・フランクも部下に同じような要求をした。「決して同情《コンパッション》のために斟酌しないよう、おのれを無情にするのだ。」同情《コンパッション》とは、ドイツ人だけのために「まずは取って置くべき」ものだったのである。ユダヤ人はただ「消える」べきであり、誰かが明らかに言ったように、このことを「残酷」で「厳格だ」と批判することは、ドイツ人には許されなかったのである。[238]

この例の場合、相手の人間性を根本的に否定することで、共感《シンパシー》と同情《コンパッション》は封じられている。ユダヤ人とスラブ人は人間以下の種族、獣、病菌であるため、人間的な感傷《センチメント》と感性《センシビリティ》に値しないとされているのである。真性の悪であり、不誠実で危険な存在として描かれたために、彼らは実際に厳しい処遇に値するとされたのである。このナチスのプロパガンダ戦略は、同《コンパッ》情《ション》に値するのは善良で罪のない者が不幸や困窮に見舞われたときだけだ、という古くからある発想に基づいている。つまり、おのれの不品行の報いとして苦境をまねいた者には、哀れみを求める権利などないのである。すでに一七九八年には、何人かの著述家がこの「一般的な姿勢」を批判している。何より彼らは、おのれの「愚かさ、悪徳とあやまち」から罪を犯した者も哀れむべきだと訴えたのである。真の博愛主義者（ドイツ語でMenschenfreund、英語でphilanthropist）ならば、その者の人格や行いにかかわらず、全ての人間に同情《コンパッション》を感じるべきだというのである。[239]

しかしそうした寛大さが、同時代の人びとの間で広く共有されることはなかった。人を苦しめ、その報いとして罰と屈辱を受ける犯罪者を哀れむことは、理想論に過ぎないと思われたのである。イギリスでは、ジャーナリスト兼作家のウィリアム・サッカレーが一八四〇年に描いたような「野蛮な物見高さ」に喜ぶ大観衆が、一八六〇年代になっても処刑の際には集まったのである。フランスやドイツの鉄環絞首刑のような屈辱的な制裁は、都市の観衆に受け入れられこそすれ、「慈善心と哀れみの感情」を引き起こすことはなかったのである。[240]野次馬が何に駆り立てられて屈辱と制裁の見世物に集まるのかは、熱く議論されるテーマになった（図11）。カントをはじめとする同時代人は、「それほど可愛げのあるとはいえない人間観察であるが、他人の苦痛と比較するとこちらの快感が増」すと認めている。誰かを助けようと思わず駆け寄るまさにその瞬間、人は「自分が同じ運命に巻き込まれなかったことを喜んでいるだけなのだ。だから民衆は演劇を観にいくようなつもりで、死刑囚が町を牽き回されて晒し者にされた上で処刑される様子を見物しようと、息急き切って走っていく。というのは、顔の表情とか挙動から窺える死刑囚の心の動きや感情が見物人に同情心を催し、また構想力（これは厳粛な雰囲気の中では働きが強まるものである）によっていったん恐怖心が煽られたあとには、穏やかな、しかし身の締まるような安堵感に浸ることができるからであるが、それがこのあとに続く生活の楽しみをいっそう味わい深いものにしてくれる」のだ[241]。

図11 「フランソワ・ピエール・ビヤール、1722年2月18日高等法院の判決によりカルカンにて有罪判決、永遠に追放される」（版画、1771–74年頃）

現代的な表現をすれば、観客は感情移入《エンパシー》を介して、屈辱を受け処刑される者の恥辱と不安を経験していたということになるだろう。言うなれば感情移入《エンパシー》は価値的に中立である。必ずしも深い悲嘆をともなわず、遺恨や満足感といった感情を引き起こすと決まったわけでもない。多くの場合感情移入《エンパシー》は、相対的に安全で幸福な場所から相手を眺めては、他人事であること（そして自分の方がましな状態にあること）を確かめる興奮をともなうのである。このような場合や類似のケース（たとえば今日、ホラー映画や実際に起きた惨劇のドキュメンタリーを見ること）では、私たちが単なる傍観者であり当事者の命運に巻き込まれていないという確信と、同胞感情は切っても切れない関係にある。苦しむ者の姿を目にして苦悩や不安、嫌悪を感じたとしても、当事者ではないためカント的な意味で心地良い「安堵感」を感じてもいるのである。

この種の感情移入《エンパシー》と「心地良い悲しみ」を、能動的に人に関わろうとする共感《シンパシー》や同情《コンパッション》に変換するにも、同じく能動的な嫌悪や満足感に変えるにも、また別の契機が必要だった。つまり、どのようにその事件が提示されるかにかかっていたのである。たとえば事件の「厳粛」で儀式的な性格や、苦しむ者について知られていることや、彼／彼女が苦しむ理由や、彼らと観客の社会的・文化的な近さや、その苦しみを与えている者の正当な／不当な権力を観客がどう受け止めているかなどによって変わったのである。

苦しみや哀れみと感情教育

ニーチェが見抜いた通り、その後、苦しみは近代社会の道徳における懸案事項になった。ニーチェにとっては苦しみこそが偉大さや精神の崇高さ、そして神秘へと人を高めるための必要条件だったのに対して、「近代的理念」の「世界」はその苦しみを完全に消そうとしたのである。[242] 宗教が長年そうしてきたように、苦しみを減らし和らげることで良しとはせず、慈善事業や改革運動は人びとの暮らしや経験から悲しみや苦しみを根絶しようとしたのである。[243] たとえば拷問や奴隷制度の禁止も、学校や監獄、軍隊における体罰を誤りとする、今もなお続く議論も、さらには公開処刑やむち打ち、ガントレット*といった屈辱的な処罰に対する反対運動も、感情移入《エンパシー》を市民社会において実地で試そうとする者の目標となった。体罰は痛みを与えるだけでなく、人前でその者を貶めて面目を失わせるからである。その上、その者の名誉心と自尊心を否定し、一七九〇年代にプロイセンの法制改革論者が警鐘を鳴らしたように、「国民の」「道徳」と「品格」も落とすものだからである。[244]

　本来、国民の品格は可能な限りつちかわれ、文明的な水準まで高められるべきものである。国家が国民の心や精神を直接統治し管理することは不可能だが、少なくとも道徳的に見ていかがわしく社会に対して危険と思われる行いを抑制することはできる。また国家そのものも、明らかに公衆道徳や個々人の道徳観に有害な法慣行を廃止することはできる。たとえば犯罪者にくびきをかけることは、フランスの検事でありレジオン・ドヌール勲章のシュヴァリエ**である

*むち打ち刑の一種。刑を受ける者に、二列に並ぶ人びとの間を走らせて、皆でその者をむち打つ。

**レジオン・ドヌール勲章の等級のひとつ。五等に相当する。

アレクサンドル・ド・モレーヌが一八三〇年に記したように、人間性（l'humanité）に背く仕打ちであった。しかし、そうした屈辱的な処罰によって侵害されるのは、犯罪者の人間性だけではない。そのような見世物を見物する者の人間性にも関わるのである。モレーヌらが批判したように、公開され国家が容認する残酷な見世物のために、観衆は「哀れみを踏みつけ」、恥辱を見くびり、「人間の尊厳の意識を全て忘れる」ことに慣れてしまっているというのである。[245] おぞましい処刑を見に集まった群衆は、犯罪者が当然の処罰と屈辱を受ける光景を明らかに楽しんでいる。それによって助長されるのは、同情《コンパッション》や文明的な行動ではなく他者の不幸を喜ぶ気持ち（Schadenfreude）であるとして、こうした見世物は次第に許しがたいものと見なされるようになったのである。

つまり、たとえ英仏独の哲学者が主張したように同情《コンパッション》が自然な感傷《センチメント》だったとしても、高められ育てられなければならないことは明白だったのである。他の感情同様、教育と洗練次第だったのである。ありのままの自然の素晴らしさをうたったルソーでさえ、感情が花開くかどうかを決める「気質*」は、その者がどう育てられたかによって大きく変わると譲歩している。また彼は、愛のような道徳的な感傷《センチメント》は「社会的な慣習から生まれる人為的な感情（factice né de l'usage de la société）」であるとも認めている。[246] 同じ趣旨からアダム・スミスは、市民社会の要請に合わせて注意深く修正され調整された、道徳的な感情秩序《エコノミー》の必要性を訴えている。情念《パッション》や情動《アフェクト》、欲求《アペタイト》の「品位を高め」ることは必要であり、そうした感情は常に「冷静さと自制心」

のもとにあるべきなのである。これは、単に感情の抑圧や抑制をすることや、「他者がくみ取ることができる」ように適度な水準まで「導く」ことだけを意味しているのではない。不可欠で社会的に望ましいとされる感情を育むという意味でもあるのだ。むき出しの憤怒や怒りが浅ましいとされたのと同様に、由々しい侮辱を受けても立腹しないこともまた、同じくらい「軽蔑される」べき行いだったのである。「ふ甲斐なくじっと座りこんではずかしめを甘受する」者が共感《シンパシー》を得ることはないため、仲間の賞賛と支持を望むのならば、いくらか嫌悪感を見せる必要があったのである。[247]

　このように詳細に検討すると、感情には何ら「自然な」要素はないことが分かるが、それは共感《シンパシー》や同情《コンパッション》でさえ例外ではない。人はこの世界に生まれ落ちたその瞬間から、その社会の文化的な枠組みに合った感情を教えられ、訓練させられ、無駄なく運用することを強いられているのだ。人は幼少期から感情表現のルールを示され練習させられているので、ニーチェが明快に論じているように、何をどのように感じるのかもそれに影響されているのである。たとえそうしたルールが、単に情念《パッション》の「言葉とふるまい」を和らげることを狙ったものだったとしても、最終的には情念《パッション》そのものも変えてしまうのである。[248]

＊日本語訳では「体質」となっていたが、ここでは文脈に合わせて「気質」とした。

近代社会のジレンマ

近代の感情の秩序《エコノミー》というマクロの視点から見れば、同情《コンパッション》は明らかに重要な地位を占めている。ヨーロッパの道徳や社会を改革しようとした者は、同情《コンパッション》を文明的な感性《センシビリティ》の根幹と見なして、同情《コンパッション》を育て維持するための種々の実践や規範を導入した。彼らは既存のキリスト教的な愛と慈悲の理念を土台としつつも同情《コンパッション》を世俗化し、自然に由来する感傷《センチメント》であり、かつまた全ての市民が負う義務へと変えようとしたのである。彼らは博愛主義的・人道主義的な協会を設立し、大々的に同情《コンパッション》の普及を推進した。また公衆に働きかけ、市民の「同胞感情」に訴えて彼らの支持を得ようとした。この流れが示すように、同情《コンパッション》は社会学者ニクラス・ルーマンがコミュニケーション・コードやシンボル・コードと呼んだものになり、人びとが適切な感情を形成し表現することを可能にし、またそうするようにうながすようになったのである。[249]

しかし、このコードは常に受け入れられたわけではない。同情《コンパッション》は、人類の平等に基づく真に民主的な感情として「創造され」たが、じきに疑問視され批判されるようになった。一九世紀の間に登場した社会運動の多くが求めたのは、同情《コンパッション》ではなく正義だったのである。そうした運動の成員は、他者が同情《コンパッション》から支持してくれることを当てにせず、自らを頼み、自らの手で問題を解決しようとしたのである。こうした文脈では、共感《シンパシー》や同情《コンパッション》はその包括的な意味合いを失い、共通の利益や欲望、必要性がある者だけに向けられるようになる。たとえば労働運動では、友愛と団結のきずなで結ばれた労働者だけが共感《シンパシー》の対象になったのである。彼らは決して資本家には共感《シンパシー》を向けず、また相手の共感《シンパシー》も期待しなかったのである。つまり、一般的で普遍的な共感《シンパシー》や同情《コンパッション》という理念は、階級社会と階級闘争の前に多かれ少なかれ破綻したのである。似た出自の労働者同士の自助、相互扶助（mutualité）や団結が、中流階層の男女による博愛主義的な事業よりもはるかに重要になったのである。

結果的には、感情移入《エンパシー》、共感《シンパシー》、同情《コンパッション》や哀れみに構造的なジレンマがあるということが露呈し、その傾向はますます強くなっていった。しかし一方では、こうした感情が自然で普遍的で民主的なものであり、社会的地位や民族的出自に関わりなく人びとを融和するものとも近代社会では見なされたのである。アメリカの『独立宣言』やフランスの『人間と市民の権利の宣言』の根幹をなしたのはこの系統の思想であり、一九四八年に国際連合総会で採択された『世界人権宣言』もそれに連なる。[250]また、奴隷制度や拷問、屈辱的な刑罰の廃止を求める社会運動の基盤にもなった。さらに言えば、動物や子供に対する虐待の防止を目的とする協会を後押しした力でもある。

しかし他方では、共感《シンパシー》が自然で普遍的なものであるという主張には、重大な欠陥がいくつもある。スミスやルソー、ショーペンハウアーが訴えたように、共感《シンパシー》が他者の感じるものを想像する人の能力に支えられているとすれば、論理的には当事者の感情世界がその限界になる。厳密には、この想像力には二つの段階がある。第一段階では、ある状況で（たとえば拷問や隷属を強いられたときに）その者がどう感じるかを想像する。そして第二段階で、その者が自分とまったく同じように感じていると想像するのである。問題は、私たちにはある特定の状況が他よりも想像しやすいということである。これが、生きる世界がちがう人間よりも一体感を感じられる人間の方に共感《シンパシー》を感じてしまう社会的傾向の元凶である。生きる世界がちがう人間に一体感を感じたとしても、おそらくは見当ちがいのものであるため、同情《コンパッション》もまた誤ったものである可能性があるのだ。ひとつ例を挙げるなら、イスラーム教徒ではない西欧人女性がヒジャブを着たイスラーム教徒の女性を前にして、相手の立場になってみようとしても困惑するだけだろう。しかしそれは、そのイスラーム教徒の女性も同じことを感じていると考えて良いという意味なのだろうか。

　これが認識論的、そして政治的な警鐘としての感情移入《エンパシー》、共感《シンパシー》と同情《コンパッション》の限界なのである。こうした限界は、人はどのような根拠に基づいて他人と一体感を感じ、同情《コンパッション》を感じるのか、という問いを提示するものである。またそれだけでなく、自分の狭い世界の枠を超えて同情《コンパッション》を感じるには具体的にどうすれば良いのか、という課題を提示するものでもある。第一の問題については、近代社会は同情《コンパッション》というものを、一七七六年、一七八九年、そしてとりわけ一九四八年に宣言された普遍的人権の理念に支えられた社会的規範である、と定めることで解決している。しかし、こうした普遍的な権利を実際に適用するには、まず現実の人びとの共感《シンパシー》や同情《コンパッション》を引き出す必要がある。哲学者は同胞感情は自然に生まれるものだと主張したが、そうではないからである。神経科学者は感情移入《エンパシー》が人類の普遍的特性だと立証しようとしているが、たとえそうだとしても、感情移入《エンパシー》は人の力になろうとする行動へと変換されなければならないのだ。他人への同情《コンパッション》に駆り立てられて、相手の人間的な尊厳を守るために積極的に介入するとき、文化や社会的実践はきわめて重大な役割を果たす。自然にうながされて行動するときも、人は強力な補助的動機を必要とするからである。その行動を支援する環境が、物質的な意味でも価値観や理念という意味でも欠かせないのである。つまりロール・モデルや、感情移入《エンパシー》をともなう様々な行動を試行し実験できる空間がないといけないのである。

歴史を見れば、ヨーロッパの人びとがこの課題に対する解をいくつか発見していることが分かる。第一に、彼らは同情《コンパッション》の対象を明確に規定された集団に限定し、一般則に拡大しないことでその圧力を回避している。あえて小規模な活動をする慈善団体や博愛主義的な協会がこれに当たる。地元の貧民の世話をしたり、虐待された子供や動物の待遇を改善したり、火災や洪水の被災者のために募金することで、中流階層はおのれの良心をなだめ、社会の調和と安定に貢献したのである。ほとんどの場合、そうした協会での実践は人と人のコミュニケーションに支えられていた。同情《コンパッション》の「対象」は、同情《コンパッション》から行動する者が知る人間だったのである。社会的・民族的には異なっていても、同じ町や宗教、国家に属する、他人ではない者だったのである。

一九世紀から二〇世紀にかけて、「想像の共同体」（ベネディクト・アンダーソン）としての国民《ネイション》の理念が政治的重要性を帯びるようになると、ナショナリズムは同情《コンパッション》を国民《ネイション》の共同体の成員と――潜在的には――その共同体と「友愛のきずなを結ぶ」者に限定するようになっていった。こうしたナショナリズムによる包摂と排除の極例が、戦間期にあらわれた。一九三九年、あるドイツの百科事典は、同情《コンパッション》（Mitleid）とは、共同体の仲間（Gemeinschaftsgenossen）、たとえば自分の共同体の住民にだけ感じる「本能的な感情移入《エンパシー》」、つまりドイツ語で共に経験し（Miterleben）、共に感じ（Mitfühlen）、相手の身になってみることができる（Sichhineinversetzen-können）ことである、と定義している。[251] その共同体の外に生きる者やそこから排除された者は、本能的な感情移入《エンパシー》を望むことも特別な同情《コンパッション》を期待することもできないのである。その代わりに彼らは、未曾有の残虐行為の犠牲になったのである。（そしてそれがまた人権に対する新たな関心を呼んで、一九四八年の国連宣言につながるのである。）

第二に、近代社会ではまた別種の、限定的で特定の相手だけを対象とする同情《コンパッション》が生まれた。他者の同情《コンパッション》を求める代わりに、集団内部の結束を頼みにする自助運動である。こうした運動では、他人にはまったく感情移入《エンパシー》をせず、同情《コンパッション》も仲間だけに向けられた。資本主義的な民主主義社会では、この戦略は力と交渉力をもたらすものだった。と同時に、こうした運動は国家による線引きや区別を取り払おうとした。労働運動は、そして女性運動や平和運動も、世界の同志に向けて意識的にその手を差しのべたのである。その意味では、こうした運動はグローバル化はしたものの、普遍化はしなかったのである。

人道主義とその訴え

第三に、同情《コンパッション》の対象を人類全般に広げるにはどうすれば良いのか、という課題は、一八世紀終わりに登場し、特に第一次世界大戦後に勢い付いた近代的な人道主義の手に委ねられた。こうした人道主義は、既存の慈善心や慈悲《ミゼリコルディア》の理念とは根本的にちがうものであると主張したが、それは運動が普遍的なものであり、また苦しみの根絶という目標に積極的に取り組んだからであった。人道主義は積極介入主義的であり、グローバルに活動したのである。それらはもはや他人という概念は使おうとはせず、代わりに人は皆兄弟（そして後に姉妹）なのだという理念を広めようとした。そうした兄弟愛や姉妹愛がどのような理由に基づいて提示され、さらにそのためにどのような交渉がなされたのかは、時代によってかなり異なった。ヨーロッパのほとんどの地域では、次第に宗教的な理念の重要性も権威も失われていった。代わって登場したのがより世俗的な人権の概念であり、それは誰もが所有し守るべきものとされたのである。そうした世俗的な性格にもかかわらず、一七八九年、フランスの国民議会はこの権利を「自然で譲渡することのできない、神聖なもの」と宣言している。このことは、革命派の間でさえ宗教的な言葉遣いになおも意味があったことを示している。[252]

史上はじめて国境を超えた人道主義的な運動は、奴隷制度の廃止を目標としたものであり、それは非常に強い影響を及ぼした。そのためすぐさま他の多くの例が続いた。一八六三年、スイスの実業家アンリ・デュナンは赤十字を創立し、これはじきに本当の意味での国際的な組織になった。（そして約六〇年後、赤新月社*の創立の契機になった。）一九五九年には、国際児童保護NGOテールデゾム（Terre des Hommes）による児童労働、児童売春と栄養失調に対する戦いがはじまった。一九七一年からは、国境なき医師団が紛争地域や難民キャンプで基本的な医療を提供する活動を行っている。同じ頃、アムネスティ・インターナショナルやヒューマン・ライツ・ウォッチのような組織が創立され、人権侵害に対する公衆の意識を高めようとしている。こうした運動や組織全てに共通するのは、公平で政治的に中立であるということである。つまりどの陣営にも属さず、その出自に関わりなく被害者を救済することに専念しているのである。

　こうした大義名分のために進んで資金を提供する市民のおかげで、人道主義は毎年数百億ドル規模の資金が動く巨大事業となり、今も成長傾向は続いている。民間の自発的結社や国連職員、国の機関といった全てが、緊急援助と人道的支援のグローバル市場の中で積極的に活動しているのだ。[253]こうした状況は、経済学者アマルティア・センがアダム・スミスの「公平《インパーシャル》な観察者」**の概念を踏まえて、離れていても感情移入《エンパシー》をともなう広量さ（non-parochialism）と呼んだものを体現しているように思われる。[254]そしてまた、他の者が「感情移入《エンパシー》の文明」とその「グローバルな良心への競争」と呼んだものを裏付けるものでもあるのだ。[255]

　しかし、この世俗的な信仰にも暗黒面はある。ひとつには、その主張ほどにはその姿勢が普遍的ではないということである。たとえば寄付金には、政治的・文化的なバイアスのかかった、特定の傾向や選択のプロセスが見られる。二〇一〇年一月にハイチの生活基盤の大半が地震で破壊され、五〇〇万人以上が死傷し一〇〇〇万人以上が家を失ったときには、その半年後に大洪水に見舞われたパキスタンに比べて、はるかに巨額の寄付金が集まった。これは様々な理由に加えて、パキスタンにテロや腐敗、宗教的な狂信主義を連想させる負のイメージがあるためとされている。こうしたイメージが作られ、流布され、伝達される過程には、メディアが非常に大きな影響を与えている。メディアが何をどれだけの期間報道するかによって、人びとがどういった傾向で哀れみと責任感を感じるかが直接的に左右されるのである。衝撃的な写真やメッセージに触れると、人びとはより寛大にふるまうのである。

とはいえ、メディアの影響力は良くてアンビバレントなものに過ぎない。[256] グローバルなジャーナリズムは、遠く離れた地の苦しみへの感情移入《エンパシー》をうながすものの、それとは正反対の効果をもたらす暴力のイメージも同じくらい拡散しているのだ。こうしたイメージは模倣を誘発するだけでなく、感情移入《エンパシー》をして人のためになろうとする姿勢や行動では太刀打ちできないほどの感情的な副作用を引き起こすのである。一八世紀の哲学者が訴えたように、そうしたイメージは他人の苦しみを喜ぶ感情（Schadenfreude）をはじめとする多くの快感をもたらすのだ。し

＊赤十字社のイスラム教圏での名称。宗教的理由から十字の使用が忌避されるため、赤新月社の組織名で、赤新月を標章としている。
＊＊アダム・スミス（高哲男訳）『道徳感情論』（講談社、二〇一三年）八二頁。

かし、マス・コミュニケーションと視覚情報の氾濫の到来以前の時代に生きた彼らには、最終的にそうしたイメージが感情移入《エンパシー》と同情《コンパッション》を圧倒し疲弊させてしまう状況までは想像することができなかったのである。そうなってしまうと、他者の苦しみに手を差しのべるべきだという道徳的な要求に対して、ある種の反感さえ覚えるようになり、無力感に囚われたりそうした要請に耳をふさぐようになったりしてしまうのである。[257]

感情の消失と発見――結論と展望

知的探求の旅もこれで終わりである。その道程は、フランス大統領の憤りからグローバルな感情移入《エンパシー》まで続くものだった。女性の怒りを探り、男性の冷血さを問い直し、名誉の文化を知り、社会的な屈辱の実践を検証した。時期的には、一八世紀から二一世紀までをたどり、場合によってはさらに古い時代までさかのぼった。地理的には、ヨーロッパの中心、ブリュッセルから旅をはじめて、そこから様々な方角に向かった。主にフランスやイギリス、そしてドイツ語圏を見ていったが、その途上、スペインの名誉に生きる男たち（hombres de honor）やシチリアのマフィア、アルジェリアやトルコからの移民にも出会い、バルカン半島の戦場もわずかながら横切った。

語学力と専門的な知識の不足から、本書はヨーロッパの北部と東部は完全に省略し、西部と中央部に焦点を絞った。国家や地域によるちがいは多々あれど、ヨーロッパの西部・中央部の文化的な特性や政治制度、商業的発展のパターンや社会運動には共通性があり、こうした要因は感情の秩序《エコノミー》が構築され発展する際の要となったものでもあるからだ。さらに言えば、この地域は近代の間、良きにつけ悪しきにつけ密接に関わりあい続けた。人やモノ、情報はおおむね自由に行き来したため、感情のコードや様式も相互の参照と摸倣が繰り返されたのである。それは感性《センシビリティ》の時代（に続く革命戦争とナポレオン戦争）から治療的なるものの時代（に先立つ第二次三十年戦争）まで続いた。

しかし、こうしたコードや様式は、近代西欧と中欧の住民全てに当てはまったわけではない。男性と女性、若者と年長の市民、農民と都市住民がどのように感情を扱い、抑制し、管理し、操作し、考察したかは、単一のパターンではとらえることができない。移民のコミュニティによって維持される感情の制度は、多くの場合、彼らを受け入れた社会のものとは本質的に異なり、さらにはそうした差異は、ひとたび両者によって文化的な指標と見なされるようになると、さらに先鋭化された。ホスト社会の中でも、とりわけ青年層の社会的なサブカルチャーは独自の感情世界を構成し、それは大抵の場合、他の若者や成人の集団が保持する感情の秩序《エコノミー》とはほとんど共通点がないものになる。現代の例を挙げると、ヨーロッパの若者の間では近年、「エモ」が重要なサブカルチャーになっている。彼らは他者とは一線を画すような、独自のルールに基づくファッションや音楽スタイル、感情コミュニケーションを作り上げたが、後者はときとして自傷すれすれのものになる。彼らの外見は、同年代のギャングの自己主張的で挑発的なそれとはかけ離れており、後期近代の欧米社会のメインストリームに浸透しているクールネスの文化*とも異なる。[258]

こうした多様性を踏まえると、感情の制度や様式、コードについて軽々しく論じることにも、そうしたものが社会構造や国家の領域ときれいに重なると示唆することにも問題があると言えるだろう。歴史学的な視点から見た場合、前近代または近世に比べて後期近代の社会は社会的・文化的な多様性という点で見劣りする、と考えたくなることもあるだろう。消費経済の成熟やメディアによる報道の氾濫のために、消費やコミュニケーション、外見のパターンが均質化されたように見えるからである。たとえば性別や社会層で読者層を限定しない自己啓発本の急増は、そうしたアドバイスや助言が皆に望まれ受け入れられていると思わせるものである。しかし、これは良くて半分だけ正解なのである。何よりまず、そうしたジャンルによって規定される社会的規範や通念は、必ずしも実践に結び付くわけではない上、画一的な行動を生み出すわけでもない。たとえそうした本のメッセージが読者にまったく伝わらなかったわけではなくとも（伝わらないことはまずないが）、提示された規範に従うのは難しいと思われることや無理と考えられることもあるのである。

*余裕のある冷静さや動じなさ、反権威主義的な姿勢などを良しとする感情の様式。

さらに言えば、メディアに登場するイメージやセラピーのハンドブックを介して伝えられる規範や通念は、独創的でもなければ、今の時代だけに有効なものでもない。近世のヨーロッパでは、説教や祈禱書、宗教書といった宗教的なテクストが感情教育の有力な手段として機能し、読み手に明確な規範を提示した。より世俗的な物事についても、一八世紀終わりには指南書が刊行されるようになり、一九世紀から二〇世紀はじめにかけて広く出回るようになった。それ以前の出版物や現代のものとは対照的に、こうした書籍は特定の読者層に向けて書かれた、より特化した内容のものだった。若者と成人男性／女性、地方と都市、カトリックとプロテスタント、富裕層と貧民層などで、読む物は分かれていたのである。しかし、こうした出版物全般の性格は、教育を受けた中流階層の上層、もしくは上流階層と中流階層の双方によって規定された。地域にかかわらず、ヨーロッパで文化的なヘゲモニーの掌握と行使を志向したのは彼らだったからである。

　これがまた、本書がこうした社会層に脚光を当てた理由でもある。第一章ではヨーロッパの人びとの名誉の文化に注目し、彼らの感情面での自己認識と実践の主な特徴を検証した。第二章では、何よりブルジョワ家庭出身の男女のものとして規定された、ジェンダー・ロールとジェンダー間の関係性に入り込む感情を掘り下げた。最後に第三章では、社会改革運動や人道主義的な運動に参加した（主として）中流階層の人びとが実践した、感情移入《エンパシー》や同情《コンパッション》をともなう行動の形式を理解した。

とはいえ、こうした実践や自己認識が近代社会において支配的になったことで、社会的な差異や多様性が潰されたと主張したいわけではない。実際、名誉に限って言えば、その逆が正しいと思われるのだ。決闘のような、強烈な感情が絡む実践に固執した男性は一握りのマイノリティであり、彼らも自分たちが熱愛する実践を一般的な規範にしようとは考えず、事実そうなることもなかったのである。しかし名誉の文化は、社会的に頂点に立つエリートが実践したものだったが故に、周縁的で社会的に目立たない集団の習慣よりもはるかに強い影響を社会に及ぼしたのである。たとえ後者が（たとえば相手に「敬意」を払うことを要求し、あからさまに性的な意味を持つ言葉遣いやジェスチャーを用いて）同様に自己主張的で命がけの掟を守っていたとしても、彼らが活動する社会的・感情的な環境のために、その訴求力と波及力は如実に削られ弱められているのである。

そうしたサブカルチャー的な実践とエリートの文化のちがいをさらに際立たせるのが、社会制度に対する後者の影響力である。数の上では少数派だった「名誉に生きる男たち」は、宮廷や大学、軍隊といった制度を掌握していたのだ。彼らの社会的実践や感情が職業的な行動規範として大切にされていた時代、彼らは社会の中でも光の当たる場所に立つ、威厳に満ちた存在であり続けたが、それは社会の下層や非主流派に属する人びとの感情の様式の場合、望むべくもないことだったのである。

制度もまた、感情的な規範やルールの普及を後押しする重要な装置として機能した。何を感じるべきでそれをどう表現するべきかを説く、宗教的なテクストや指南書や小説を書いて出版すれば事が済んだかと言えば、そうではないのだ。こうした情報が人びとの想像力をとらえ、社会的な実践へと姿を変えるには、教育のツールやメカニズムが必要だったのである。家族や教会、学校や軍隊、職場や政治といった制度は、それぞれ何世代もの教え子の自己認識や物の見方を形作ってきた「感情の学校」だったのである。

しかしそれは、そうした制度のカリキュラムが不変だったということを意味するわけではない。決闘のような名誉にまつわる実践が、二〇世紀になると軍隊や大学から姿を消したのと同様、教育制度においても、教師と学生の関係の中で感情が果たす役割は再検討されるようになったのである。そして、感情というリソースの使い方に関するジェンダー間の差異も、家庭を舞台に交渉が繰り広げられた結果変化し、今日のビジネスの世界では、企業の最高経営責任者の感情リテラシーが重視されるまでになった。しかし、感情リテラシー（や情動知能）の意味するところにはかなりの幅がある。全ての近代的な制度が同一の感情のルールに従ったわけでも、従っているわけでもないのだ。むしろ、望ましいとされるものも、こうするべきだという提案もそれぞれの制度固有のものがあり、それはときにはバラバラとさえ言える状況だった。人は数々の制度の間を巡っては、ひとつの行動規範から別のそれへと日常生活や人生の過程で移動するため、いくつもの感情や感情表現のルールと関わることになる。そうしたものの間を泳ぎ渡りながら、どうやって個人的な欲求や好みと折り合いを付けるかという問題は、重層化しグローバル化した社会の難問なのである。

本書の焦点は、個人がそうした問題とどのように取り組んだかということよりも、様々な制度がどのように感情にまつわる提案や要請を規定したのかということに当てられている。後者からは、近代社会で感情が果たした役割や、感情がどのように評価され是認されるかという問題について、多くのことを知ることができるからだ。それだけでなく、感情がどう規定・抑制・監視されるかも照らし出してくれるのだ。感情、とりわけ社会的または「人間関係にまつわる」感情は、文化的な性格が強いものだと言えるだろう。感情が人間（と動物）の生態を支配する生理学的な原理に基づくことに疑問の余地はないが、にもかかわらず文化的に固有の形態や意味を獲得しているからである。

たとえば感情移入《エンパシー》について考えてみて欲しい。人に他の者が感じるものを感じ取る生来の能力があるという事実は、人が常にその能力を使っているということを意味するわけではない。背を向けて無関心にふるまうこともあるのだ。もしくは、痛みに苦しむ人の姿に、感情移入《エンパシー》だけでなく他人の不幸に対する喜び（Schadenfreude）を感じることを選ぶかもしれない（し、人の成功を目の当たりにして嫉妬を感じるかもしれないのだ。）感情移入《エンパシー》が人助けをしようとする感情や行動に変わるには、動機と奨励が必要なようである。つまり、同情《コンパッション》が道徳的に正しい行為だという認識をしっかりと強力なものにできるかどうかは、教育によるインプットや社会的な制度にかかっていたのである。どこまで同情《コンパッション》しどこでやめるのかも、同じく社会的・文化的・政治的要因に左右された。事と次第によっては、同情《コンパッション》は同じ志を持つ限られた仲間だけに向けられることもある。しかしときには、理由や相手の資質にかかわらず、はるか遠くで苦しむ者も同情《コンパッション》の対象になることがあるのだ。いずれにせよ、苦しむ者と潜在的な支援者の「感性《センシビリティ》」の間に仲立ちが挟まれてはじめて、同情《コンパッション》は成立するのである。[259] こうした仲介をするのが文化なのである。つまり、公共のメディアや協会、運動が、伝統を活性化させたり、利害を調整したり、ふさわしいとされる感情と行動を正当化することでなされるのである。

このように感情は、文化的に望ましいとされるものや社会的に必要とされるものに支えられ、かつまたそうしたものに応える秩序《エコノミー》の枠組みの中で規定されている。あるときは育てられ洗練され、あるときは抑えられ制裁されるものなのだ。つまり、制度と個人の両方のレベルで働く、教育と形成のプロセスの賜物なのだ。そもそも感情は必然的に私的で個人的なものである。つまり、集団や共同体や制度といったものは、本質的に感情を持つことはできないが、一方ではその成員が何をどのように感じどう表現するかには、影響力や調整力を発揮することは可能であり、実際にそうしたのである。つまり、恥辱や自尊心や名誉を感じるようにうながしたり、思いとどまらせたりすることはできたのであり、怒りや憎悪、同情《コンパッション》を示すことや隠すことを手助けすることも可能だったのである。

こうした制度や集団はまた、感情がどのようにジェンダー化され、感じ方（や行動）が男女でどのように異なるべきか（そしてそれがどの程度のちがいであるべきか）を規定する際にも影響力を発揮した。たとえば感情移入《エンパシー》の場合、女性は他者と同調し思いやる特有の能力を持つと長年信じられてきた。女性は「特有の人類学」が適用される存在であり、そのおかげで感覚《センチメント》や悩みを他の存在とたやすく共有できるのだ、と一九世紀の医師や心理学者やその他の教養ある男性たちは信じていたのである。感情は自然に由来するとされたが、感情移入《エンパシー》に基づく行動にまつわる近代の理念や実践にとって、それは大きな意味を持つことであった。そのおかげで、女性は博愛主義や社会改革に関わる協会や運動の中で、大きな役割を果たすことができたからである。これは、女性を家族と友情の私的領域に閉じ込めることに多大なエネルギーが費やされた時代において、大きな前進だったのである。この一歩を踏み出して公共圏に入る中流階層の女性は増え続け、彼女たちは夫や兄弟や従兄弟と肩を並べて、社会の福祉の向上のために尽力するようになったのである。

　とは言え、感情移入《エンパシー》は女性だけのものと考えられていたわけではない。共感《シンパシー》と同情《コンパッション》は近代社会にとって不可欠のリソースと見なされたので、これらを大切にし、自愛心と私利私欲を超えた姿勢を育むことは、全ての市民の責務となったのである。男性の社会的地位は他者に共感する力あってのものとされ、仕事や政治の世界で人と交渉し連携する能力についても同様だった。しかし当時の世論によれば、男性の共感《シンパシー》の感じ方や示し方には、女性のそれとは重要なちがいがあった。男性ははるかに積極的にイニシアチブを取ろうとしたのである。女性はより濃密で優しい感情を感じることができるとされたものの、肉体と精神が弱いために、そうした感情を適切な行動に変えることができないと考えられたのである。対照的に、男性は十分な強さがあるために、感傷《センチメント》に従った行動をとる能力があるとされたのだ。

これが、多くの同時代人が感情の秩序《エコノミー》のジェンダー化について考え、感じたことである。こうした理念は単なる個人的な信念の範疇にとどまらず、社会規範として家族や学校、大学や専門職団体、組織といった制度に深く根を下ろした。これが感情や感情表現のルールへと翻訳され、男女に対して望ましいとされるふるまいを課し、ふさわしくないとされるふるまいを制裁するものとなったのである。しかし、そうした圧力は変化を拒むものではなかった。たとえば双方のジェンダーを巻き込み、女性も男性と同等に積極的な役割を担うようになった、奴隷制度廃止論のような改革運動が示すように、再検討や交渉の余地はあったのである。このように疑問視や批判、拒否や転覆が可能なものだったのであり、その役を担った男女が、より大きな集団や運動のロール・モデルとなることもあったのである。他の社会規範の例にならい、感情的な規範も個人の働きかけや集団の交渉に応じて姿を変え続けるものだったのである。

これが歴史の中でどのようになされたのかは、魅力的な研究トピックである。近年、歴史学と社会学では、この問題に再び関心が向けられるようになった。どちらの分野でも、感情に関する先駆的な研究が短期間行われたことがあったが、結局は些末で考察する意味のないものとして捨て置かれた。しかし、「新しい」文化史と社会学は感情を研究対象として取り上げ、経済的発展や政治的なコミュニケーション、さらには社会関係にとどまらず主観性を構成し規定するものとして、その重要性を強調するようになったのである。近代社会は、制度の構造や個人のアイデンティティと合致する感情の秩序《エコノミー》を作り出し、特定のかたちの社会関係を正しいものとし、他のものを否定してきた。歴史の中に感情を「発見する」ということは、そうした秩《エコ》序《ノミー》の重要性を認め、それらが社会的・政治的な対立、結合関係や展開、個人の自己認識や行動に及ぼした影響を再評価することを意味するのである。

「感情を発見する」ことはまた、近代に名誉や恥辱のような特定の感情が失われ、感情移入《エンパシー》や同情《コンパッション》のような他の感情が勢いを得た、その変化のパターンや軌跡を考察することをも意味する。しかし、「失われた」感情という概念には、少しばかり問題が含まれる。物理学者のエネルギー保存の法則ではないが、歴史の中では何事も失われるということはない。実践として人を引き付ける力を失った理念や概念も、文化的な記憶として保存され、かたちや姿や意味を変えて再登場することがあるのだ。第一章で議論したアケーディアやメランコリア、鬱病の例で言えば、倦怠感や怠惰、無気力の感情は、文化や時代の境界を超えて共有されるものと言えるだろう。アケーディアとメランコリア、メランコリアと鬱病を明確に区別することは難しいが、それは共通する特性もあるからである。しかし、それぞれを定義する際に用いられる言葉も定義のされ方も大きく異なり、ほぼ共通性のない別個の集団に適用されるものだった。また、それぞれの説明も扱いもちがった。これは、実際に倦怠感や怠惰、無気力の感じ方や経験のされ方が、それぞれの集団や世代によって相当変化したことを示唆しているのだ。

名誉と恥辱については、事情は多少異なる。どちらの単語もいまだ使われているため、名誉や恥辱が二〇〇年前にどのように感じられたのか分かると勘違いしてしまうかもしれない。しかし、歴史はそれが間違いだと証明しているのだ。女優のハンナ・シグラが、彼女が演じた役のエフィー・ブリーストが感じる恥辱を理解することも、感情移入することもできなかったように、今日のヨーロッパの中流階層の男性は、妻の不義を知ったときのインシュテッテン男爵の心情に入り込むことは難しいと思うだろう。今日の夫たちも、妻に裏切られれば嫉妬と怒りにかっとするかもしれない。しかし、ひとりの人間としての名誉がはずかしめられたと感じることも、自分を侮辱した男に決闘を申し込むこともないだろう。

社会学的には、これは民主主義化と社会の多元化が進んだために、名誉が近代社会において、そして近代社会に対して持っていた影響力を失ったからだと説明することができる。通常、名誉は、他者とは一線を画して特異な感情の様式を培うことを志向する、排他的な集団や団体の中でこそ十全に機能するものなのである。そうした集団が周縁的で社会的にも目立たないものである限り、市民社会の全般的な価値観やコミットメントと衝突することはない。しかし名誉は、民主主義的なシステムの多元的で反階級的な構造を根本的に否定し蝕むものであるため、社会的な優越性を主張するエリート集団の特権としては生き残ることはできなかったのである。

つまり、感情としての、または「内在化された」性向《ディスポジション》としての名誉は失われて時代錯誤になり、人間の尊厳という一般的な感覚と能力主義的な「外的な」名誉に取って変わられたと言えるだろう。このように近代社会は、その感情の秩序《エコノミー》の範疇や規則を絶えず交換・修正しては、情念《パッション》を捨てたり呼び起こしたりしてきたのである。これは感情移入《エンパシー》や同情《コンパッション》についても同じである。哀れみや同情《コンパッション》は近代以前から存在していたが、一八世紀になって大幅に再定義され、新たな勢いを得たのである。そのため、本書では「発見された」感情としてこれらに注目したのである。感情移入《エンパシー》と同情《コンパッション》は近代社会にとって極めて重大で不可欠なものとなり、理論化され賞賛され、また実生活の中で奨励され制度によって支えられたのである。こうして感情《エン》移入《パシー》と同情《コンパッション》が社会的な感情として公共の場に華々しく登場する一方で、名誉は背後へと退いていったのである。しかし、感情移入《エンパシー》と同情《コンパッション》は、普遍的な人類愛のユートピアの到来を約束しながらも、現実の生活の中では障害や構造的なジレンマや妨害に遭遇した。

そうした反対勢力の考察は、感情が社会的・文化的な環境にどのように根ざしているか、どのようにかき立てられ、動員され、沈黙させられるのかを理解する助けになる。これは歴史学的な問いであると同時に、市民としての我々に関わる問題でもある。ポーランドのアウシュヴィッツ・ビルケナウ国立博物館の現館長であるピオトル・シウィンスキの言葉を借りれば、「感情移入《エンパシー》」は「尊い」ものである。しかし、過去の苦しみについて「涙を流すだけでは十分ではない」のだ。そうするだけでなく、私たちは「現在に対する責任」を感じるべきなのである。[260] 感情の歴史学は、そうした責任とどのように向きあい、その過程で何を避けるべきなのかを教えてくれるものなのである。

解説　なぜ今、感情史なのか

伊東剛史

本書は、ドイツの歴史学者、ウーテ・フレーフェルトが中央ヨーロッパ大学での講演をもとに書き下ろした *Emotions in History: Lost and Found*, Budapest: Central European University Press, 2011 の翻訳である。中央ヨーロッパ大学は、ハンガリー出身のユダヤ系アメリカ人の投資家、ジョージ・ソロスらによって一九九一年、ブダペストに設立された大学院大学である。研究・教育は主に英語で行われており、アメリカ合衆国から高等教育機関としての認定を受け、国際的にも高く評価されている。

この中央ヨーロッパ大学では、二〇世紀を代表する歴史家のひとり、ナタリー・ゼーモン・デイヴィス（デーヴィス）の名を冠した記念講演（以下、デイヴィス記念講演）が毎年開催されている。デイヴィスはフランス近世を専門とし、社会史、文化史、女性史に革新をもたらした、ユダヤ系アメリカ人の歴史家である（詳しくは、近藤和彦「ナタリ・デイヴィス」尾形勇他編『二〇世紀の歴史家たち（三）』刀水書房、一九九九年）。記念講演は二〇〇六年にスタートした。最初の講演者は、デイヴィスと同じくアメリカを代表するフランス史家・文化史家であり、著作の多くが翻訳されていることから、日本でもよく知られているリン・ハントである。各講演の内容は、Natalie Zemon Davis Annual Lectures Series として、大学出版会より順次刊行されている。二〇一八年七月現在、次のとおり第一〇巻まで出版されている（本書は第四巻）。

1 Lynn Hunt, *Measuring Time, Making History* (2007)
2 Miri Rubin, *Emotion and Devotion: The Meaning of Mary in Medieval Religious Cultures* (2009)
3 Eva Österberg, *Friendship and Love, Ethics and Politics: Studies in Mediaeval and Early Modern History* (2010)
4 Ute Frevert, *Emotions in History: Lost and Found* (2011)
5 William A. Christian Jr, *Divine Presence in Spain and Western Europe 1500–1960: Visions, Religious Images and Photographs* (2012)
6 William Chester Jordan, *Men at the Center: Redemptive Governance under Louis IX* (2012)
7 Katherine Verdery, *Secrets and Truth: Ethnography in the Archive of Romania's Secret Police*

(2013)

8　Averil Cameron, *Arguing it Out: Discussion in Twelfth-Century Byzantium* (2016)

9　Peter Burke, *Hybrid Renaissance: Culture, Language, Architecture* (2016)

10　James S. Amelang, *Writing Cities: Exploring Early Modern Urban Discourse* (2018)

「新しい文化史」の潮流を生み出したリン・ハントから、ヨーロッパ文化史の泰斗ピーター・バークまで、錚々たる顔ぶれである。ハントの『グローバル時代の歴史学』（長谷川貴彦訳、岩波書店、二〇一六年）や、バークの『文化史とは何か』増補改訂版（長谷川貴彦訳、法政大学出版局、二〇一〇年）が示唆するように、ハントもバークも「感情の歴史学」に大きな関心を寄せている。第二巻のミリ・ルビン（ヨーロッパ中世史）と、第三巻のエヴァ・エステルベルィ（ヨーロッパ中近世史）のテーマも感情である。フレーフェルトもまた、そうした感情への関心の高まりを踏まえ、「感情の歴史学」を正面から議論している。

フレーフェルトは、ドイツ社会史研究の拠点であるビーレフェルト大学などで学び、一九八二年、学位請求論文 *Krankheit als politisches Problem 1770–1880: Soziale Unterschichten in Preußen zwischen medizinischer Polizei und staatlicher Sozialversicherung*（『政治問題としての病、一七七〇～一八八〇年——医療ポリツァイと国家による社会保障の間のプロイセン社会下層』）によって博士号を取得した。その後、一九八六年に、*Frauen-Geschichte: Zwischen Bürgerlicher Verbesserung und Neuer*

Weiblichkeit（翻訳版『ドイツ女性の社会史――二〇〇年の歩み』若尾祐司他訳、晃洋書房、一九九〇年）を著し、女性史研究者として頭角を現した。さらに、一九九一年に出版された教授資格請求論文 *Ehrenmänner: Das Duell in der bürgerlichen Gesellschaft*（『名誉ある男たち――市民社会における決闘』）によってドイツ内外から高い評価を得て、一九九八年、「ドイツのノーベル賞」とも称されるライプニッツ章を受賞した。その前後に、ビーレフェルト大学、ベルリン自由大学、イェール大学の教授職を歴任している。そして、二〇〇八年、フレーフェルトはベルリンにあるマックス・プランク人間発達研究所（Max-Planck-Institut für Bildungsforschung / Max Planck Institute for Human Development）に感情史研究センターを発足させ、その長に就任した。フレーフェルトと感情史研究センターについては、彼女に師事した森田直子による研究動向論文が詳しい（「感情史を考える」『史学雑誌』第一二五編第三号、二〇一六年）。さらに、二〇一七年九月には来日し、東京、京都での精力的な講演活動を通じて、自身と感情史研究センターにおける最新の研究成果を披露した（なお、そのうち京都での講演「戦争と感情――名誉、恥、犠牲への歓び」が『思想』（二〇一八年一月号）に掲載されている。フレーフェルトと旧知の友人であり、同論文を翻訳した姫岡とし子による解説とあわせて一読されたい。東京での講演も同誌二〇一八年八月号に収録された）。

感情史研究は発展途上にあり、様々なアプローチがある。とくに、感情を生物としてのヒトに普遍的に規定されると理解するのか、特定の社会的文脈において変化すると理解するのか、あるいは両方の側面があるとすればどちらに重点を置くのかが、方法論上のひとつの分岐点になる。この点について、森田はフレーフェルトと感情史研究センターのアプローチを、次のように的確にまとめている。「生物学的・心理学的な感情理解とは一線を画し、文化的に規定され社会的に学習される――したがって、それらの変化との連関で――ものとしての感情に着目し、とりわけ一八世紀以降についてその表現・表出のあり方を考察する……」（森田「感情史を考える」四八頁）。フレーフェルトは、「うつろう」をキーワードとし、歴史的変化の中で失われ消え去ってしまった感情と、新たに見出され創発された感情とを対比させる。原著タイトルの副題 *Lost and Found* はこれをあらわす。前者の例としての名誉・恥辱と、後者の例としての共感・同情によって描き出される感情の変遷が本書の主題である。なお、フレーフェルトは、本書出版後にその内容をドイツ語圏読者向けに書き直し、二〇一三年、*Vergängliche Gefühle*（『うつろう感情』）を上梓した。

現代を生きる私たちに、歴史的過去の人々の感情を理解することができるのか、可能だとすれば、どのような方法があるのかという問いは、以前から存在する。マルク・ブロックとともにアナール学派の創始者とされるリュシアン・フェーヴルは、一九四一年の論文「いかにして往時の感情生活を再現するか――感性と歴史」（『アナール　1929-2010』第一巻、藤原書店、二〇一〇年）において、感情を歴史研究の主題に据えることを提唱し、心理学や美術史、言語学との連携による学際的アプローチの可能性を論じた。その後隆盛した「心性史」は、日本にも幅広く紹介され、日本の歴史学と近接学問分野にも大きな影響を及ぼした。

それでは、なぜ今再び「感情の歴史学」への関心が高まったのだろうか。それは、従前の心性史とはどのように違うのだろうか。冷静に分析するには、もう少し時間が必要なのだろうが、ひとまず次の四点を指摘しておきたい。まず、地域紛争や難民など今世紀以降、一層顕著になったグローバル化に起因する諸問題を解析するためには、感情を研究対象として主題化しなければならないという認識が広まり、現在、領域横断的に感情研究が進められている。世界の混迷によって非理性的なものへの学問的関心が高まる近年の状況は、第二次世界大戦前夜のナチズム台頭に象徴される近代文明世界の瓦解が、感情史の探求を促した状況と似ているという見方もありえる（Barbara Rosenwein, 'Worrying about the history of emotions', *American Historical Review*, 17/3, 2002）。感情史は、極めてアクチュアルな研究領域として（再）浮上したのである。

次に、このことに関連して、脳神経科学を中心とする認知科学の発展により、感情を反理性であると否定的に捉える伝統的解釈が再検討されている。とりわけ、意思決定過程における感情（情動）の重要性を示した脳科学者ダマシオの研究や、感情を脳内の情報処理モジュールとして分析する進化心理学の知見によって、感情に対する従来の理解が書き換えられつつある（Lisa Feldman Barrett, *How Emotions are Made*, Boston: Houghton Mifflin Harcourt, 2016）。日本でも、心理学的構成主義の立場に立つ生理心理学者の大平英樹は、「感情は、知覚、認知、運動などと呼ばれる他の精神機能と区別することはできず、それらの精神機能とかなりの程度オーバーラップしている」と説明している。何が快で、何が不快かという基準は、経験に先行して決まっているのではなく、それを経験する人間の認識の仕組みによるものであり、その仕組みは当人の置かれた状況によって構成されると考えられる（「予測的符号化・内受容感覚・感情」『エモーション・スタディーズ』第三巻第一号、二〇一七年）。したがって、この認識の仕組み、とりわけ、本書で論じられる名誉や恥辱といった社会的に学習される感情について、それがどのように構成されるのかを明らかにするには、認知科学と人文学・社会科学との協働が不可欠となる。言い換えれば、異分野間の連携を進めるにあたり、感情は最適な研究課題となったのである。感情史の隆盛もこの潮流の中に位置づけられる。

さらに、三点目として、感情はどの人間社会にも存在した（する）と考えられることから、「感情の歴史学」は地域横断的な比較史や交流史を促進する研究領域となる。つまり、これまで共通項や接点がなかった複数の地域を、感情という視点から、同じ研究プラットフォーム上で分析することが可能になるのである。実際に、現在のフレーフェルト自身の研究テーマのひとつは、まさに異なる文化的価値観のもとにある社会集団の間の感情的交錯である。

最後に、四点目として、感情史は多様な地域をひとつの分析視角のもとに置くことができることから、「下からのグローバル史」を担うことができると期待される。近年のグローバル史の進展は、主に比較経済史の視点から広大な地理的空間と長大な時間的尺度をカバーする俯瞰的な歴史像を提示してきた。一方、そうした巨視的な視点から描かれたグローバル化の諸局面に、ひとりひとりの個人はどう位置づけられるのか、あるいはそうした個々人の主体性をどう理解することができるのかという問いが生まれる。そこで、個人と社会との関係を再考し、ホモ・アフェクトゥス（感情的人間）の微視的視点からグローバル化の歴史を捉え直す契機として、感情史に期待が寄せられるのである。例えば、経済史が砂糖という商品の「世界システム」における役割を分析するなら、感情史はなぜ人々が嗜好品に欲望を抱き、大衆消費者へと変貌したのか、あるいは、砂糖プランテーションの黒人奴隷の苦痛がどのように人々の共感を喚起し、反奴隷制運動を巻き起こしたのかを問うことになる。以上の文脈から本書を振り返ると、「うつろう感情」という主題と、見出され、創り出された共感・同情という議論は、まさにこの問いを考える手がかりになるだろう。

フレーフェルトが感情史研究センターを立ち上げ、中央ヨーロッパ大学で講演を行ってから、一〇年になる。その間に、感情史研究は急速に進展し、現在英語圏では、オクスフォード大学出版会、イリノイ大学出版会、パルグレイヴ・マクミランから、それぞれ感情史の叢書が刊行されている。日本でも『思想』二〇一八年八月号が、「感情の歴史学」を特集した。この活気は、「感情論的転回」とも呼ばれる大きな研究のうねりを生み出している。そのうねりがどこに向かうのか、しばらく目を離すことができない。

訳者あとがき

二年前、本書の翻訳を引き受けたときには、このあとがきを書くまでにこれほどの時間が過ぎるとは思いもしなかった。本格的な翻訳は私にとっては初めてのことで、取りかかってみれば作業がなかなかに難航したことが理由である。しかしこの道は、きっとこれまでに多くの先達が通っていったものだろうし、その道を歩くことができたことも良い経験なのだろう。

本書には、各種の感情をあらわす語句が数多く使われているが、その多くについては区別ができるように英語の原語をルビに付けてある。文中の用語の使い方にはかなり一貫性があるため、そういった語句についてはそれぞれ特定の表現を当ててある。詳しくは巻末の索引を参照されたいが、その最たるものが compassion、sympathy、empathy の三つである。これらはそれぞれ「同情」、「共感」、「感情移入」と訳し原語をルビで振ってある。ルビを振らなかったキー・タームとしては、次のものが挙げられる。「哀れみ」と訳されているのはpity、「怒り」はrage、「名誉」はhonourである。また、一般的な意味での「感情」にはemotionの語が用いられている。ただし、後者は心理学の研究対象としての意味もあるので、そうした文脈では「情動」と訳し分けた。

著者の前書きにもあるように、本書は、もともとは講演として話された内容を書き改めたものである。感情の歴史という新しいトピックを紹介しながらも、分かりやすく平易な言葉遣いであることが本書の魅力だろう。その一方で、元が講演として用意されたものであることから、話の流れに合わせて、文中で引用されている語句の言い回しが原文とは若干変えられている例が散見された。そういった語句についても、原文通り「　」を付けてある。なお、引用されている文献の内、日本語訳が刊行されており、引用部分にその訳を利用したものは、原注に日本語訳の書誌情報を記載してある。

また、ドイツ語やフランス語等、英語以外の言語の語句がそのまま使用されている箇所については、必要と判断した場合は（　）書きで原語を付記した。所によって著者がそうした表現を英語で言いかえたり、括弧書きで紹介したりしている場合がある。これらについては、基本的に英語ではない方の語句を（　）内に付記した。また、英語表現も必要な文脈の場合は、日本語と併せて英語の表現も（　）内に添えてある。

本書の翻訳が結んだ縁で、二〇一七年に来日したウーテ・フレーフェルト氏にお会いできた。日本語版の刊行をことの外喜び、新たに日本の読者への前書きを寄せてくださっただけでなく、帰国後も私の重箱の隅をつつくような確認事項に快く回答してくださった氏には心から感謝したい。刊行を心待ちにしている彼女を随分と待たせてしまったが、ようやくこの本をお届けできることをうれしく思う。

また、フレーフェルト氏来日の際に紹介の労をとってくださった森田直子氏、フランス語の引用文の訳を作成していただいた舘葉月氏、膨大な原注を整えてくださった和田冴織氏のおかげで本書の翻訳を終えることができた。この場を借りてお礼を申し上げたい。

最後に、本書を翻訳する機会を与えていただいた東京外国語大学出版会編集部には、本当にお世話になった。訳稿を丁寧に読んでコメントしてくださった石川偉子氏、当初の予定より大幅に長引いた翻訳作業を忍耐強く刊行まで導いていただいた大内宏信氏のおかげで、本書は刊行の日を見ることができたのである。ご迷惑をお詫び申し上げるとともに、長い間見守ってくださり、ご鞭撻くださったことに感謝申し上げたい。

櫻井 文子

歴史の中の感情――失われた名誉／創られた共感

二〇一八年一一月二〇日　初版第一刷発行
二〇二四年　五月　二日　第三刷発行

著　者　ウーテ・フレーフェルト
訳　者　櫻井文子
発行者　林佳世子

発行所　東京外国語大学出版会
郵便番号　一八三-八五三四
住所　東京都府中市朝日町三-一一-一
TEL番号　〇四二-三三〇-五五五九
FAX番号　〇四二-三三〇-五一九九
Eメール　tufspub@tufs.ac.jp

装訂者　間村俊一
カバーイラスト　佐々木智美
本文組版　大友哲郎
印刷・製本　シナノ印刷株式会社

Printed in Japan　ISBN978-4-904575-69-7

著者＊ウーテ・フレーフェルト（Ute Frevert）

専門は西洋近現代史、ジェンダー史、感情史。ビーレフェルト大学にて博士号取得後、ベルリン自由大学、コンスタンツ大学、ビーレフェルト大学、イェール大学で教鞭をとり、現在、ドイツのマックス・プランク人間発達研究所感情史研究センター長を務める。一九九八年、ゴットフリート・ヴィルヘルム・ライプニッツ賞を受賞。主要な著作に、*Frauen-Geschichte. Zwischen bürgerlicher Verbesserung und Neuer Weiblichkeit*（Frankfurt: Suhrkamp, 1986）（若尾祐司他訳『ドイツ女性の社会史——200年の歩み』晃洋書房、一九九〇）、*Ehrenmänner. Das Duell in der bürgerlichen Gesellschaft*（München: C.H.Beck, 1991）などがある。

訳者＊櫻井文子（さくらい・あやこ）

専門は近代ドイツ史、近代科学史。ケンブリッジ大学Ph.D. 現在、専修大学国際コミュニケーション学部教授。主要な著作として、*Science and Societies in Frankfurt am Main*（London: Pickering & Chatto, 2013）。また論文として、「都市型コレクションの有用性——19世紀フランクフルトのゼンケンベルク自然誌博物館を例に」『人文科学年報』第四四号（二〇一四）、「娯楽と科学のはざまにて——19世紀メナジェリー再考」『専修人文論集』第九〇号（二〇一二）などがある。

人名索引

あ行

アクィナス、トマス（Thomas Aquinas） 40–41
アルント、エルンスト・モーリッツ（Ernst Moritz Arndt） 115
イェーリング、ルドルフ・フォン（Rudolf von Jhering） 66
イロウズ、エヴァ（Eva Illouz） 18
ウィルヒョー、ルドルフ（Rudolf Virchow） 106
ヴィルヘルム１世（Wilhelm I） 52, 81
ウィンチルシー伯爵（10 代）ジョージ・フィンチ゠ハットン（George Finch-Hatton, 10th Earl of Winchilsea） 59
ウェーバー、マリアンネ（Marianne Weber） 59
ウェーバー、マックス（Max Weber） 20, 50, 58, 61
ウェリントン公爵（初代）アーサー・ウェルズリー（Arthur Wellesley, 1st Duke of Wellington） 59
ヴェルッカー、カール（Carl Welcker） 114–119, 131
ウルストンクラフト、メアリー（Mary Wollstonecraft） 139
エクマン、ポール（Paul Ekman） 32
エリアス、ノルベルト（Norbert Elias） 24, 37, 38
オズボーン、ジョン（John Osborne） 137

か行

カウルバッハ、フリードリヒ・アウグスト（Fridrich August Kaulbach） 82
カント、イマニュエル（Immanuel Kant） 96, 106, 108–112, 167, 181–182
カンペ、ヨアヒム・ハインリヒ（Joachim Heinrich Campe） 107–108
キャパ、ロバート（Robert Capa） 83

キューゲルゲン、ヴィルヘルム・フォン（Wilhelm von Kügelgen） 126
キュロー・ド・ラ・シャンブル、マラン（Marin Cureau de la Chambre） 98–99
グージュ、オランプ・ド（Olympe de Gouges） 164
ゲイ、ピーター（Peter Gay） 56
ゲージ、フィネアス（Phineas Gage） 30
ゲーテ、ヨハン・ヴォルフガング・フォン（Johann Wolfgang von Goethe） 35, 110
ゴール、シャルル・ド（Charles André Joseph Marie de Gaulle） 39, 89
コラー、カール（Carl Koller） 58

さ行

サルコジ、ニコラ（Nicolas Sarközy） 13–15, 17, 20, 87, 89
シウィンスキ、ピオトル（Piotr Cywiński） 207
ジェームズ、ウィリアム（William James） 32, 49
シェーラー、クラウス（Klaus Scherer） 32
シグラ、ハンナ（Hanna Schygulla） 20, 206
ジダン、ジネディーヌ（Zinédine Zidane） 74–76, 87
シャイドラー、カール・ヘルマン（Karl Hermann Scheidler） 114
シュニッツラー、アルトゥール（Arthur Schnitzler） 54
シュレーゲル、フリードリヒ（Friedrich Schlegel） 95, 113, 142
ショーペンハウアー、アルトゥール（Arthur Schopenhauer） 172–174, 187
シラー、フリードリヒ（Friedrich Schiller） 118, 137, 160–161, 177–178
ジンメル、ゲオルク（Georg Simmel） 50, 54, 88
スタール、アンヌ・ルイーズ・ジェルメーヌ・ド（Anne Louise Germaine de Staël） 114
スミス、アダム（Adam Smith） 151–158, 184, 187, 192–193
ゼーモン・デーヴィス、ナタリー（Natalie Zemon Davis） 23, 25, 92–93, 209
セン、アマルティア（Amartya Sen） 192

た行

ダマシオ、アントニオ（Antonio Damasio） 29–30
ダマシオ、ハンナ（Hanna Damasio） 29
チャーチル、ウィンストン（Winston Churchill） 47, 131
ツヴァイク、シュテファン（Stefan Zweig） 135
ディルタイ、ヴィルヘルム（Wilhelm Dilthey） 36
デーヴィットソン、リチャード（Richard Davidson） 32
デューラー、アルブレヒト（Albrecht Dürer） 43
デュナン、アンリ（Henri Dunant） 191
デルブリュック、ハンス（Hans Delbrück） 66
ドーム、ヘートヴィヒ（Hedwig Dohm） 139
トライチュケ、ハインリヒ・フォン（Heinrich von Treitschke） 80

な行

ナイチンゲール、フローレンス（Florence Nightingale） 168
ニーチェ、フリードリヒ（Friedrich Nietzsche） 173–175, 179, 182, 185
ノヴァーリス（本名：ゲオルク・フリードリヒ・フィリップ・フォン・ハルデンベルク）（Novalis, Georg Friedrich Philipp von Hardenberg） 95, 98

は行

バー、アーロン（Aaron Burr） 58
バーガー、ピーター（Peter Berger） 84
バーク、エドマンド（Edmund Burke） 168
バゼドウ、ヨハン・ベルンハルト（Johann Bernhard Basedow） 96, 197
ハッチソン、フランシス（Francis Hutcheson） 19, 149
ハミルトン、アレクサンダー（Alexander Hamilton） 58–59
ハワード、ジョン（John Howard） 167–168
ハンスリック、エドゥアルト（Eduard Hanslick） 119
ビスマルク、オットー・フォン（Otto von Bismarck） 62–65, 80–81, 147–148
ヒトラー、アドルフ（Adolf Hitler） 128–129, 131, 133

ヒムラー、ハインリヒ（Heinrich Himmler） 128–129, 179
ヒューム、デーヴィッド（David Hume） 149–151, 153, 158, 163, 177
ファスビンダー、ライナー・ヴェルナー（Rainer Werner Fassbinder） 20
フィッツジェラルド、チャールズ（Charles Fitzgerald） 82
フィンケ、ゲオルク・フォン（Georg von Vincke） 62, 65
フェーヴル、リュシアン（Lucien Febvre） 38–39, 45–46, 49
フェネデイ、ヤーコプ（Jacob Venedey） 121
フォンターネ、テオドール（Theodor Fontane） 20, 86
ブッシュ、ジョージ・W.（George W. Bush） 147
フライ、エリザベス（Elisabeth Fry） 168
フランク、ハンス（Hans Frank） 179
フリードリヒ2世（Friedrich II） 81
プリングスハイム、アルフレート（Alfred Pringsheim） 67
ブルデュー、ピエール（Pierre Bourdieu） 49, 75
ブレンターノ、ルヨ（Lujo Brentano） 54
フロイト、ジークムント（Sigmund Freud） 57–58
フローベール、ギュスターヴ（Gustave Flaubert） 122–123
フンボルト、ヴィルヘルム・フォン（Wilhelm von Humboldt） 57, 62, 64–65, 70
ペタン、フィリップ（Philippe Pétan） 39
ベネディクト16世（Benedictus XVI） 17
ヘルダー、ヨハン・ゴットフリート（Johann Gottfried Herder） 177–179
ボイエン、ヘルマン・フォン（Hermann von Boyen） 57, 62, 65
ホイジンガ、ヨハン（Johan Huizinga） 24, 37

ま行
マテラッツィ、マルコ（Marco Materazzi） 74–75
マルクス、カール（Karl Marx） 55–56, 61
マン、トーマス（Thomas Mann） 66–68
メンデルスゾーン、モーゼス（Moses Mendelssohn） 175–177
モレーヌ、アレクサンドル・ド（Alexandre de Molènes） 184

ら行

ラサール、フェルディナント（Ferdinand Lassalle）　55–56, 64
リチャードソン、サミュエル（Samuel Richardson）　35, 110
ルーマン、ニクラス（Niklas Luhmann）　186
ルソー、ジャン＝ジャック（Jean-Jacques Rousseau）　35, 59, 104–106, 108–110, 112, 149, 156–158, 172–173, 175–177, 184, 187
レッシング、ゴットホルト・エフライム（Gotthold Ephraim Lessing）　177
レッシング、テオドール（Theodor Lessing）　67–68
レディング、ヴィヴィアン（Vivian Reding）　13–15

わ行

ワーグナー、アドルフ（Adolf Wagner）　61
ワーグナー、リヒャルト（Richard Wagner）　67

事項索引

あ行

アケーディア（acedia）　22, 40–45, 48, 205
情動《アフェクト》（affect）　23–27, 33, 49, 93–95, 97, 102, 108–109, 112, 117, 130, 138, 184
哀れみ（pity, pitié）　149, 152, 154, 156–157, 174–178, 180, 184, 187, 193, 218
怒り（rage）　13–15, 17, 57, 62, 64, 83, 86, 92–101, 108, 111–112, 117–118, 129, 137, 139, 141, 155–156, 185, 202, 206
怒り〈女性の〉　93, 99, 195
憤り（anger）　16, 63, 94, 99–100, 195
イスラーム教徒　188
ヴィシー政権　14, 15, 39, 128
ヴェルサイユ条約　46
鬱病　44, 45, 205
『エフィー・ブリースト』（フォンターネ）　20, 86
『エミール』（ルソー）　105
情動知能《エモーショナル・インテリジェンス》　26, 124
感情移入《エンパシー》（empathy）　18, 22, 29, 140, 145–148, 170–171, 181–183, 188–190, 192–195, 198, 201, 203, 205, 207
臆病者　52–53, 56, 65, 95
男らしさ　65, 78, 92, 101, 110, 113, 115, 127, 142
女らしさ　96, 99, 101, 113, 142

か行

学生団体　51, 56, 61, 70, 114, 128
下層　48, 76, 104, 123, 199

カトリック　35, 159, 164, 168
『鐘の歌』（シラー）　118
家父長的　86, 137
感傷（主義）　35　〔→感傷《センチメント》〕
感情　7–8, 12, 14–27, 29–38, 40, 45–46, 48–49, 53, 55, 58, 62–64, 68, 70–73, 75, 81–82, 84, 86, 88, 91–92, 96–105, 109–117, 119–136, 138–143, 145–156, 162–167, 169, 171–172, 177–178, 180–181, 184–187, 193, 196–207, 211–218
感情移入　18, 171, 218　〔→感情移入《エンパシー》〕
感情教育　121–123, 198
感情の言語表現　33, 36
感情の秩序《エコノミー》　19, 21–22, 121, 131, 142, 186, 196, 204–205, 207
感情表現のルール　21, 100, 103, 138, 185, 200, 204
感性　24　〔→感性《センシビリティ》／感性《サンシビリテ》〕
共感　16, 107, 149, 151, 155, 213, 216, 218　〔→共感《シンパシー》〕
兄弟愛　158–162, 177–178, 191
兄弟団　158–160
屈辱（humiliation）　13–16, 63, 79–80, 180–181, 184, 195
苦しみ（suffering）　56, 107, 151, 156–157, 174, 182–183, 191, 193–194, 207
群衆　130, 161, 184
軍隊　51–52, 61, 127, 134, 140–141, 183, 199–200
決闘　55–73, 75–76, 78, 80, 86, 92, 199–200, 206
決闘への批判　60
憐憫《コンパッシオ》（compassio）　148, 162
同情《コンパッション》（compassion）　22, 107, 111, 120, 129, 145–149, 152, 154, 156–157, 162, 169–180, 182, 184–191, 194, 198, 201–203, 205, 207
強姦　79, 83, 87　〔→レイプ〕
『国富論』（スミス）　153

さ行

サービス業　134, 138

自愛心　60, 68, 146, 154–155, 157, 170, 203
市民社会　22, 104–107, 138, 140–141, 145, 152–153, 157, 168, 175, 183–184, 206, 212
ジェンダー　21, 84, 92, 94, 95, 97, 99–103, 107–109, 114, 123, 137, 139, 141–142, 145, 162, 164, 166, 204
ジェンダー間の関係　21, 116, 135
ジェンダー間の差異／ジェンダー差　92, 100, 103, 120, 134, 135, 142, 200
ジェンダー間の平準化　136
ジェンダー的特性　99, 105, 112
ジェンダー・ロール　72, 198
自然の理《ことわり》／自然の摂理　77, 103, 105, 117
慈善心　173, 175, 180, 191
慈悲　148, 186〔→慈悲《ミゼリコルディア》〕
社会状態（ルソー）　104
情動（近世・近代）　93, 150, 155〔→情動《アフェクト》〕
情動（心理学）　32–33, 49, 95, 101, 146, 214, 218
情動伝染　146
情動知能　142, 200〔→情動知能《エモーショナル・インテリジェンス》〕
情念　149–150〔→情念《パッション》〕
上流階層　48, 51, 72, 198
女性運動　140, 164, 190
女性の弱さ　86, 98
自由フランス　39
白羽根騎士団　82
親衛隊　128–129, 179
神経科学　31, 146–147
人権　158, 163–165, 188, 190–192
『人権宣言』（フランス）　163
人種　46, 132, 178–179
人道主義（的）　22, 147, 168, 186, 191–192, 198
共感《シンパシー》（sympathy）　22, 31, 107, 129, 145, 148–158, 162, 165, 167–171, 177–

180, 182, 185, 187–188, 203
心理学　26, 31–34, 43, 48, 171
人類愛　152–154, 168, 172, 207
人類学〈(女性) 特有の〉　106, 112, 138, 203
スラブ人　179–180
性向　120, 155, 169, 175 〔→性向《ディスポジション》〕
性的行動　73, 76, 91
性的暴行　87 〔→レイプ〕
青年組織　127–128, 133
セクシャリティ　47, 73, 88
セックス　76, 83, 91
感性《センシビリティ》／感性《サンシビリテ》(sensibility, sensibilité)　25–27, 34–36, 38–39, 49, 68, 109–111, 120, 124–125, 128, 166–167, 170, 177, 180, 186, 196, 202
全体主義（的）　128, 131 〔→ファシズム〕
感傷《センチメンタル》小説（sentimental novels）　35, 110
感傷《センチメント》(sentiment)　25, 33–34, 38–39, 49, 93, 99, 105, 107–109, 112, 115, 168, 170–171, 180, 184, 186, 203–204
尊厳（dignity）　15, 85, 148, 184, 189, 206

た行

第一次世界大戦　46, 66, 78, 81, 83, 85, 128, 141, 191
第九交響曲（ベートーヴェン）　160
大衆政治　19, 131, 141
第二次世界大戦　14, 45, 85, 214
大量殺戮　85, 132
男性の強さ　86
恥辱（shame）　14, 19, 21, 25, 31, 80, 83, 132, 181, 184, 202, 205–206, 213, 215
中流階層　49, 51–52, 58, 61, 69, 72, 76, 104, 112, 114–115, 117, 126, 137, 159, 167, 187, 189, 198, 203, 206
性向《ディスポジション》（disposition）　20, 49, 53, 70–71, 89, 91, 132, 140, 206
同情　167, 173–174 〔→同情《コンパッション》〕

『道徳感情論』（スミス）　151, 153, 193
道徳哲学　29, 93, 149
同胞感情（fellow feeling）　151–153, 157, 177, 182, 186, 188
『独立宣言』（アメリカ）　163, 187
トラウマ　29, 31, 36
奴隷制度廃止論　22, 165–166, 204

な行
ナチス政権　46, 130, 132
ナチズム　133–136
ニューロ・ターン　33
『人間本性論』（ヒューム）　149, 151

は行
博愛主義（的）　168, 186–187, 189, 203
はずかしめ　174, 185
情念《パッション》（passion）　23–27, 33, 49, 93–94, 97–99, 102, 107–109, 112, 116–118, 130–132, 136, 138, 141, 146, 155, 157, 184–185
ハビトゥス　49, 70, 135
百科事典　49, 93–96, 100, 111–112, 134, 136, 169–170, 190
ファシズム　84, 130
侮辱（insult）　13–16, 48, 51–55, 58, 62–63, 66–67, 69, 72, 75–78, 80–82, 91, 95, 116, 185
友愛《フラテルニテ》（fraternité, fraternity）　158, 161, 163–165, 177
フランス革命　81, 117, 158, 163, 177
フリーメイソン　159–160
ブルジョワ的　55–56, 139
プロテスタント　25, 35, 114, 159, 198
プロパガンダ　79, 115, 131, 133, 141, 180
文明化　24, 37–38, 99, 106, 155, 178–179
ホロコースト　17–18

ま行

まったき人　55, 66
『魔の山』（マン）　66
慈悲《ミゼリコルディア》（misericordia）　148, 162, 191
名誉（honour）　14–15, 19–22, 25, 38–40, 45–48, 50–54, 56–60, 65–66, 68–73, 75, 77, 79–82, 84–89, 91–92, 95, 111, 115, 132, 140, 153, 195, 198–200, 202, 205–207, 213, 215, 218
名誉毀損　20, 48, 53–55, 61, 80
名誉殺人　72, 87
名誉回復　59, 69, 80, 85
名誉〈家族の〉　53, 61, 72, 74, 78, 86, 88
名誉〈国家の〉　15, 79–84, 89
名誉〈女性の〉　73–74, 77–78, 83–84, 86, 91–92
名誉〈男性の〉　73–74, 77–79, 91–92, 115
名誉に生きる男　52, 56, 60, 65, 69, 75, 85, 92, 195, 199
メランコリア　42–45, 205

や行

友愛　25, 186, 190 〔→友愛《フラテルニテ》〕
勇気　52, 65–66, 77, 85, 110, 174
ユダヤ人　14, 46, 55, 58, 129, 132, 164, 176, 179, 180
ユダヤ教　158–159
四体液説　42, 93

ら行

理性　37–38, 55–56, 70, 107–108, 110, 112, 117, 156
隣人愛　148, 158, 162, 172, 175
レイプ　78–79, 87
憐憫　148 〔→憐憫《コンパッシオ》〕
労働運動　186, 190

労働者　30, 69, 76, 115, 136–137, 186–187
ロマ　13–14
ロマン主義（的）　77, 95, 113

原注

(1) http://www.ft.com/cms/s/0/7ded6ae6-c1b9-11df-9d90-00144feab49a.html#ixzz163bayNzr; http://www.guardian.co.uk/world/2010/sep/16/nicolas-sarkozy-keeps-dismantling-roma-camps; http://www.channel4.com/news/articles/politics/international_politics/sarkozy%2Broma%2Bcomments%2Baposoutrageousapos/3768007.html（最終閲覧日：2010年11月23日）。ドイツ語とフランス語からの訳は、注記をともなわない限り全て筆者による。

(2) Klein, Donald C., "The Humiliation Dynamic: an Overview," *Journal of Primary Prevention* 12, no. 2 (Dec. 1991): pp. 93–121, 引用部分は p. 97; Miller, William Ian, *Humiliation and Other Essays on Honor, Social Discomfort, and Violence* (Ithaca: Cornell University Press, 1993), ch. 4; Lindner, Evelin, *Making Enemies: Humiliation and International Conflict* (London: Praeger Security International, 2006).

(3) *Frankfurter Allgemeine Zeitung*, May 13, 2009.（首席ラビ、メイール・ラウと、パブリック・インテレクチュアル〔訳者注：公共の場で積極的に発言や発信を行う知識人〕のトム・セゲフを引用）。

(4) 消費者マーケティングと感情の関係については以下を参照。Illouz, Eva, *Consuming the Romantic Utopia: Love and the Cultural Contradictions of Capitalism* (Berkeley: University of California Press, 1997); eadem, *Cold Intimacies: The Making of Emotional Capitalism* (Cambridge: Polity Press, 2007).

(5) Trentmann, Frank, ed., *The Making of the Consumer: Knowledge, Power and Identity in the Modern World* (Oxford: Berg, 2006).

(6) Barker-Benfield, Graham J., *The Culture of Sensibility: Sex and Society in Eighteenth-Century Britain* (Chicago: University of Chicago Press, 1992), ch. 4, 特に

pp. 211–14; Brewer, John and Roy Porter, eds., *Consumption and the World of Goods* (London: Routledge, 1993); Bermingham, Ann and John Brewer, eds., *The Consumption of Culture 1600–1800: Image, Object, Text* (London: Routledge, 1995).

(7) Hutcheson, Francis, *An Essay on the Nature and Conduct of the Passions and Affections, with Illustrations on the Moral Sense*, ed. Aaron Garrett (Indianapolis: Liberty Fund, 2002), p. 47.

(8) Berger, Peter, "On the Obsolescence of the Concept of Honor," in *The Homeless Mind*, eds. Peter Berger et al. (New York: Random House, 1973), pp. 83–96.

(9) *Frankfurter Allgemeine Zeitung*, July 13, 1974, p. 19.

(10) Davis, Natalie Zemon, *A Life of Learning* (New York: American Council of Learned Societies Occasional Paper, No. 39, 1997).

(11) 興味深いことに、2007年と2008年にそれぞれナタリー・ゼーモン・デーヴィス記念講演を行なった、ミリ・ルビンとエーヴァ・エステルベルィは、近代以前の歴史における感情に焦点をおいた。Rubin, Miri, *Emotion and Devotion: The Meaning of Mary in Medieval Religious Cultures* (Budapest: Central European University Press, 2009); Österberg, Eva, *Friendship and Love, Ethics and Politics: Studies in Mediaeval and Early Modern History* (Budapest: Central European University Press, 2010).

(12) たとえば Meyer-Sickendiek, Burckhard, *Affektpoetik: eine Kulturgeschichte literarischer Emotionen* (Würzburg: Königshausen & Neumann, 2005); Kolesch, Doris, *Theater der Emotionen: Ästhetik und Politik zur Zeit Ludwigs XIV.* (Frankfurt: Campus, 2006); Gouk, Penelope and Helen Hills, eds., *Representing Emotions: New Connections in the Histories of Art, Music and Medicine* (Aldershot: Ashgate, 2005); Bredekamp, Horst, *Theorie des Bildakts* (Berlin: Suhrkamp, 2010) を参照。

(13) Baasner, Frank, *Der Begriff 'sensibilité' im 18. Jahrhundert: Aufstieg und Niedergang eines Ideals* (Heidelberg: Winter, 1988).

(14) Huizinga, Johan, *The Autumn of the Middle Ages*, trans. Rodney J. Payton and Ulrich Mammitzsch (Chicago: University of Chicago Press, 1996).

(15) Elias, Nobert, *The Civilizing Process* (Oxford: Blackwell, 2000).

(16) Rosenwein, Barbara H., ed., *Anger's Past: The Social Uses of an Emotion in the*

Middle Ages (Ithaca: Cornell University Press, 1998), 特に Althoff, Gerd, "Ira Regis: Prolegomena to a History of Royal Anger," pp. 59–74, そして批判として Dinzelbacher, Peter, *Warum weint der König? Eine Kritik des mediävistischen Panritualismus* (Badenweiler: Bachmann, 2009); Miller, *Humiliation*, pp. 97–98.

(17) Davis, *A Life of Learning*.

(18) ドイツのベルリンにあるマックス・プランク人間発達研究所には、近代における感情の歴史の研究センターが 2008 年から加わっている。プログラムや研究プロジェクトについては以下を参照。http://www.mpib-berlin.mpg.de/en/research/history-of-emotions

(19) 多様な概念とその収斂については Frevert, Ute et al., *Gefühlswissen: Eine lexikalische Spurensuche in der Moderne* (Frankfurt: Campus, 2011); Dixon Thomas, *From Passions to Emotions: The Creation of a Secular Psychological Category* (Cambridge: Cambridge University Press, 2003) を参照。

(20) たとえば Goleman, Daniel, *Emotional Intelligence: Why it can matter more than IQ* (London: Bloomsbury, 1996); idem, *Working with Emotional Intelligence* (London: Bloomsbury, 1998) を参照。

(21) Rieff, Phillip, *The Triumph of the Therapeutic: Uses of Faith after Freud* (San Francisco: Harper & Row, 1966); Lasch, Christopher, *The Culture of Narcissism: American Life in an Age of Diminishing Expectations* (New York: W. W. Norton, 1979). また、より近年の研究としては Illouz, Eva, *Saving the Modern Soul: Therapy, Emotions, and the Culture of Self-Help* (Berkeley: University of California Press, 2008) がある。

(22) Barker-Benfield, *Culture of Sensibility*; Koschorke, Albrecht, "Alphabetisation und Empfindsamkeit," in *Der ganze Mensch*, ed. Hans-Jürgen Schings (Stuttgart: Metzler, 1994), pp. 605–28; Bermingham, Ann, ed., *Sensation and Sensibility: Viewing Gainsborough's Cottage Door* (New Haven: Yale University Press, 2005); Knott, Sarah, *Sensibility and the American Revolution* (Chapel Hill: University of North Carolina Press, 2009).

(23) Damasio, Hanna et al., "The Return of Phineas Gage: Clues about the Brain from the Skull of a Famous Patient," *Science* 264 (May 1994): pp. 1102–5; Damasio, Antonio, *Descartes' Error: Emotion, Reason, and the Human Brain* (New

York: Harper Collins, 2000); 批判については Macmillan, Malcom, *An Odd Kind of Fame: Stories of Phineas Gage* (Cambridge, Mass.: MIT Press, 2000) を参照。

(24) Damasio, Antonio, *Looking for Spinoza: Joy, Sorrow, and the Feeling Brain* (Orlando: Harcourt, 2003), pp. 53–80, 140–79; Daum, Irene et al., "Neurobiological Basis of Emotions," in *Emotions as Bio-cultural Processes*, eds. Birgitt Röttger-Rössler and Hans J. Markowitsch (New York: Springer, 2009), pp. 111–38; 判断における感情の介在については Gigerenzer, Gerd, *Gut Feelings: The Intelligence of the Unconscious* (New York: Peguin, 2007) を参照。

(25) Reisberg, Daniel and Paula Hertel, eds., *Memory and Emotion* (New York: Oxford University Press, 2004), 特に pp. 76–154, 347–89 を参照。

(26) Solomon, Robert C., ed., *What is an Emotion? Classic and Contemporary Readings*, 2nd ed. (New York: Oxford University Press, 2003).

(27) Scherer, Klaus R. and Paul Ekman, eds., *Approaches to Emotion: A Book of Readings* (Hillsdale, NJ: Lawrence Erlbaum, 1984); Ekman, Paul and Richard Davidson, eds., *The Nature of Emotion: Fundamental Questions* (Oxford: Oxford University Press, 1994).

(28) Jensen, Uffa and Daniel Morat, eds., *Rationalisierungen des Gefühls: Zum Verhältnis von Wissenschaft und Emotionen 1880–1930* (Munich: Fink, 2008), 特に pp. 35–59 (Jakob Tanner), 101–17 (Daniel Morat) を参照。〔ディルタイの引用については、以下を参照した。ヴィルヘルム・ディルタイ「記述的分析的心理学」、ヴィルヘルム・ディルタイ（大野篤一郎・丸山高司編・伊藤直樹・塚本正明他訳）『ディルタイ全集　第3巻　論理学・心理学論集』（法政大学出版局、2003年）637–756頁、引用部分は714頁〕。

(29) Elias, *Civilizing Process*, 引用部分は pp. 367, 400〔ノルベルト・エリアス（波田節夫・溝辺敬一・羽田洋・藤平浩之訳）『文明化の過程　下　社会の変遷／文明化の理論のための見取図』（法政大学出版局、2004年）336、397頁〕。

(30) Plessner, Helmuth, *The Limits of Community: A Critique of Social Radicalism* (1924), trans. Andrew Wallace (Amherst, NY: Humanity Books, 1999).

(31) Elias, *Civilizing Process*, p. 441〔エリアス『文明化の過程　下』466頁〕。

興味深いことに、同著のあとがきはナチス期の経験に言及していない。しかし、以下の著作の「文明化の挫折」の章（1961–62年に書かれた）では議論されている。Elias, Norbert, *The Germans: Power Struggles and the Development of Habitus in the Nineteenth and Twentieth Centuries* (New York: Columbia University Press, 1996), ch. 4〔ノルベルト・エリアス（ミヒャエル・シュレーター編、青木隆嘉訳）『ドイツ人論——文明化と暴力』（法政大学出版局、2015年）第4章〕。Fulbrook, Mary, ed., *Un-Civilizing Processes? Excess and Transgression in German Society and Culture: Perspectives Debating with Norbert Elias* (Amsterdam: Rodopi, 2007) を参照。

（32）Febvre, Lucien, "Sensibility and History: How to Reconstitute the Emotional Life of the Past," in *A New Kind of History*, ed. Peter Burke (New York: Routledge, 1973), pp. 12–26, 引用部分は p. 26〔リュシアン・フェーヴル（井上櫻子訳）「いかにして往時の感情生活を再現するか——感性と歴史」、E・ル・ロワ・ラデュリ、A・ビュルギエール監修（浜名優美監訳）『叢書アナール　1929–2010——歴史の対象と方法 I』（藤原書店、2010年）327–53頁、引用箇所は352–53頁〕。

（33）Febvre, Lucien, *Honneur et Patrie* (Paris: Perrin, 1996), pp. 30–31; Jackson, Julian, *France: The Dark Years, 1940–1944* (Oxford: Oxford University Press, 2001), p. 43; Capdevila, Luc, "The Quest for Masculinity in a Defeated France, 1940–1945," *Contemporary European History* 10, no. 3 (Nov. 2001): pp. 423–45.

（34）Febvre, *Honneur*, pp. 31, 54, 67–68.

（35）現代ギリシャ語では怠慢や不注意を意味する。（この情報はメリ・エロルによる）。

（36）Crislip, Andrew, "The Sin of Sloth or the Illness of the Demons? The Demon of Acedia in Early Christian Monasticism," *Harvard Theological Review* 98, no. 2 (Apr. 2005): pp. 143–69; Irvine, Ian, "Acedia, Tristitia and Sloth: Early Christian Forerunners to Chronic Ennui," *Humanitas* 12 (Spring 1999): pp. 89–103.

（37）Böhme, Hartmut, *Albrecht Dürer, Melencolia I: Im Labyrinth der Deutung* (Frankfurt: Fischer, 1991); Schuster, Peter-Klaus, *Melencolia I: Dürers Denkbild*, 2 vols. (Berlin: Gebr. Mann, 1991).

（38）Clair, Jean, ed., *Melancholie: Genie und Wahnsinn in der Kunst* (Ostfildern: Hatje Cantz, 2005), 同著のフランス語版は *Mélancolie: Génie et Folie en Occident* (Paris: Gallimard, 2005); Sieber, Andrea and Antje Wittstock, eds., *Melancholie—zwischen Attitüde und Diskurs: Konzepte in Mittelalter und Früher Neuzeit* (Göttingen: V&R unipress, 2009).

（39）鬱病は３つの神経伝達物質（セロトニン、ドーパミン、ノルアドレナリン）のバランスの崩れによって引き起こされるという説が、何十年にもわたって支配的なパラダイムだった。より新しい研究では、特定の脳細胞（グリア）や炎症の影響も考慮されるようになっている。また精神分析は、解消されていない葛藤が鬱病の根底にあるのではと注意を喚起している。鬱病研究のより包括的な情報については、アメリカ国立精神衛生研究所のウェブサイトを参照。http://www.nimh.nih.gov/health/topics/depression/index.shtml（最終閲覧日：2010 年 11 月 30 日）。

（40）Bailey, Christian, "Honor Bestowed and Felt? Verdienstorden in the Federal Republic after 1945," in *Politische Leidenschaften*, ed. José Brunner (Göttingen: Wallstein, 2010), pp. 61–78; 独自の名誉の文化を涵養した東ドイツについては Speitkamp, Winfried, *Ohrfeige, Duell und Ehrenmord: Eine Geschichte der Ehre* (Stuttgart: Reclam, 2010), pp. 219–21, 240–44 を参照。

（41）Whitman, James Q. "Enforcing Civility and Respect: Three Societies," *Yale Law Journal* 109, no. 6 (Apr. 2000): pp. 1279–1398.

（42）Appiah, Kwame Anthony, *The Honor Code: How Moral Revolutions Happen* (New York: W. W. Norton, 2010) は、名誉は「朽ち果てようとしている前近代的秩序の名残り」ではなく、（敬意と尊厳という）複数の形態で今もなお存在すると主張している。さらに彼は、「我々が共に生きる世界において我々が背負う責任を真摯に受け止めるように、我々を駆り立てうる」名誉は、意識的に活性化するべきだと推してさえいる（p. 179）。

（43）この点では、社会心理学者は（時として）例外である。Rodriguez Mosquera, Patricia M. et al., "Attack, Disapproval, or Withdrawal? The Role of Honour in Anger and Shame Responses to Being Insulted," *Cognition and Emotion* 22, no. 8 (Dec. 2008): pp. 1471–98 を参照。

（44）Bourdieu, Pierre, *Outline of a Theory of Practice*, trans. Richard Nice (Cam-

bridge: Cambridge University Press, 1977); idem, *The Logic of Practice*, trans. Richard Nice (Palo Alto, CA: Stanford University Press, 1992).

（45） Febvre, *Honneur*, pp. 31, 67.

（46） A., "Betrachtung über das Duelliren," *Neue Mannigfaltigkeiten* 1 (1774): p. 765（「心に根ざす（im Herzen eingewurzelt）」）。

（47） Czernin, Rudolf Graf, *Die Duellfrage* (Vienna: K. Gerolds Sohn in Komm., 1904), p. 3; James, William, "What is an Emotion?" in *What is an Emotion*, ed. Solomon, pp. 66–76.

（48） Montesquieu, The Spirit of Law, Book III, 6 and 7: http://www.constitution.org/cm/sol_03.htm（最終閲覧日：2010 年 12 月 5 日）〔モンテスキュー（井上堯裕訳）『法の精神』（中央公論新社、2016 年）第 3 篇第 6 章、第 7 章、44–45 頁〕。

（49） 中世アイスランドのサーガにおける名誉と恥辱については Miller, *Humiliation*, pp. 116–24 を参照 ; Schreiner, Klaus and Gerd Schwerhoff, eds., *Verletzte Ehre: Ehrkonflikte in Gesellschaften des Mittelalters und der frühen Neuzeit* (Cologne: Böhlau, 1995).

（50） Simmel, Georg, *Soziologie: Untersuchungen über die Formen der Vergesellschaftung* (Frankfurt: Suhrkamp, 1992), pp. 599–603.

（51） Demeter, Karl, *Das deutsche Offizierkorps in Gesellschaft und Staat 1650–1945* (Frankfurt: Bernard & Graefe, 1965), 引用部分は p. 290.

（52） これらは 1843 年のプロイセン法令（Fleck, Eduard, *Die Verordnungen über die Ehrengerichte im Preußischen Heere und über die Bestrafung der Offiziere wegen Zweitkampfs* (Berlin: Verl. der Königlichen Geheimen Ober-Hofbuchdruckerei, 1865), pp. 3–4）に記載された行動の例であり、19–20 世紀を通して基本的に変わらなかった。

（53） Bayerisches Hauptstaatsarchiv München, IV, A XIII 3, Frasz. 2.

（54） Brentano, Lujo, "Über die Duellfrage," *Mitteilungen der Deutschen Anti-Duell-Liga* 29 (1909), p. 6.

（55） Welcker, Carl, "Infamie, Ehre, Ehrenstrafen," in *Das Staats-Lexikon: Encyklopädie der sämmtlichen Staatswissenschaften für alle Stände*, 2nd ed., eds. Rotteck, Carl von and Carl Welcker (Altona: Hammerich, 1845–1848), vol. 7

(1847), p. 393; Jhering, Rudolf von, *Der Kampf um's Recht*, 2nd ed. (Vienna: G. J. Manz, 1872), p. 98; Fischer, Arnold. *Für oder wider das Duell?* (Rostock: Volckmann, 1896), p. 9.

(56) Marx, Karl and Friedlich Engels, *Werke*, vol. 29 (Berlin: Dietz, 1970), pp. 331, 336, 562–63.

(57) Lassalle, Ferdinand, *Nachgelassene Briefe und Schriften*, ed. Gustav Mayer, vol. 3 (Stuttgart: DVA, 1922), pp. 127–29; vol. 4 (1924), p. 211.

(58) Becker, Bernard, *Enthüllungen über das tragische Lebensende Ferdinand Lassalle's und seine Beziehungen zu Helene von Dönniges* (Nürnberg: Wörlein und Comp. 1892), p. 210–15.

(59) Gay, Peter, *The Bourgeois Experience*, vol. III: *The Cultivation of Hatred* (New York: W. W. Norton, 1993), pp. 9–33; 近代以前の歴史については Billacois, François; *The Duel: Its Rise and Fall in Early Modern France*, trans. Trista Selous (New Haven: Yale University Press, 1990) を参照。

(60) *Wilhelm und Caroline von Humboldt in ihren Briefen*, ed. Anna von Sydow, vol. 4 (Berlin: Mittler, 1910), pp. 543, 545–46.

(61) Freud, Sigmund, *Briefe 1873–1939*, eds. Ernst Freud and Lucie Freud (Frankfurt: Fischer, 1960), p. 128.

(62) Weber, Marianne, *Max Weber. Ein Lebensbild* (Heidelberg: Schneider, 1950), pp. 473–89.

(63) Freeman, Joanne B., *Affairs of Honor: National Politics in the New Republic* (New Haven: Yale University Press, 2001); Wyatt-Brown, Bertram, *Southern Honor: Ethics and Behavior in the Old South* (New York: Oxford University Press, 2007).

(64) *Guardian*, March 27, 1829. http://www.guardian.co.uk/news/1829/mar/28/mainsection.fromthearchive/print（最終閲覧日：2010 年 12 月 7 日）Appiah, *Honor Code*, ch. 1 はこの事件を論じている。

(65) Thimm, Carl A., *A Complete Bibliography of Fencing and Duelling* (1896) (reprint, New York: Benjamin Blom, 1968), pp. 457–58, in Frevert, Ute, "Honour and Middle-Class Culture: The History of the Duel in England and Germany," in *Bourgeois Society in 19th-Century Europe*, eds. Jürgend Kocka and Allan

Mitchell (Oxford: Berg, 1993), pp. 207–40. 決闘の民主化というアッピアの説明は表面的すぎる（*Honor Code*, p. 46）。さらに言えば、決闘はフランスでも一般的なものになったが、そこではすたれることはなかった。Nye, Robert A., *Masculinity and Male Codes of Honor in Modern France* (New York: Oxford University Press, 1993); Reddy, William M., *The Invisible Code: Honor and Sentiment in Postrevolutionary France, 1814–1848* (Berkeley; University of California Press, 1997), pp. 237–38 を参照。

（66）Schmid, Joseph C., *Über die Duell* (Landshut: Weber'sche Buchhandlung, 1802), pp. 9, 28.

（67）Lasson, Adolf, *System der Rechtsphilosophie* (Berlin: Guttentag, 1882), p. 547; Frevert, Ute, *Men of Honour: A Social and Cultural History of the Duel*, trans. Antony Williams (Cambridge: Polity Press, 1995), pp. 136–44.

（68）彼の 1897 年の議論については *Die Verhandlungen des achten Evangelisch-sozialen Kongresses* (Göttingen: Vandenhoeck & Ruprecht, 1897), pp. 110–11 を参照。

（69）Wagner, Adolf, "Meine Duellangelegenheit mit dem Freiherrn von Stumm," *Die Zukunft* 10 (1895): pp. 408–27.

（70）*Wilhelm und Caroline von Humboldt in ihren Briefen*, ed. Von Sydow, vol. 4, pp. 545–46.

（71）*Fürst Bismarcks Briefe an seine Braut und Gattin*, ed.. Herbert von Bismarck, 2nd ed. (Stuttgart: Cotta, 1906), pp. 328–29.

（72）*Lassalles letzte Tage: Nach den Originalbriefen und Dokumenten des Nachlasses*, ed. Ina Britschgi-Schimmer (Berlin: Juncker, 1925), pp. 269–70, 280–81.

（73）*Encyclopaedia Britannica*, 8th ed. (Edinburgh: Adam & Charles Black, 1853–1860), vol. 10 (1856), p. 456. Girouard, Mark, *The Return to Camelot: Chivalry and the English Gentleman* (New Haven: Yale University Press, 1981) を参照。

（74）Jhering, *Kampf*, pp. 21, 95–96.

（75）*Preußishe Jahrbücher* 84 (1896), p. 376.

（76）Mann, Thomas, *The Magic Mountain*, trans. H. T. Lowe-Porter (London: Penguin, 1960), p. 699〔トーマス・マン（関泰祐・望月市恵訳）『魔の山

下』（岩波書店、1988 年）620 頁〕。

（77）Mann, Katja, *Meine ungeschriebenen Memoiren*, eds. Elisabeth Plessen and Michael Mann (Frankfurt: Fischer, 1983), pp. 12, 76.

（78）医学博士論文提出資格者（cand. med.）フランクがハイデルベルク大学の学長に宛てた 1817 年の書簡（その中で同じ大学の学生の言葉を引用している）は Hauptstaatsarchiv Stuttgart, E 200 Bü 403 に所蔵されている。

（79）*Wilhelm und Caroline von Humboldt in ihren Briefen*, ed. von Sydow, vol. 4, pp. 545–46.

（80）Frevert, *Men of Honour*, pp. 168–70.

（81）Berger, "Obsolescence," p. 93〔ピーター・バーガー「名誉という概念の衰退について」、ピーター・バーガー編（高山真知子・馬場伸也・馬場恭子訳）『故郷喪失者たち——近代化と日常意識』（新曜社、1977 年）95–111 頁、引用は 107 頁〕。Bowman, James, *Honor: A History* (New York: Encounter Books, 2006) はこの点を認め、かつ激しく批判している。倫理的な動機に基づく反論については Appiah, *Honor Code* を参照。

（82）Honneth, Axel, *The Struggle for Recognition: The Moral Grammar of Social Conflicts* (Cambridge: Polity Press, 1995); Burkhart, Dagmar, *Eine Geschichte der Ehre* (Darmstadt: WBG, 2006), ch. III.

（83）Gambetta, Diego, *The Sicilian Mafia: The Business of Private Protection* (Cambridge: Harvard University Press, 1993); idem, *Code of the Underworld: How Criminals Communicate* (Princeton: Princeton University Press, 2009); Labov, William, *Language in the Inner City: Studies in the Black English Vernacular* (Oxford: Blackwell, 1977), ch. 8（儀礼的な侮辱の規範）; Abrahams, Roger D., "Black Talking on the Streets," in *Explorations in the Ethnography of Speaking*, eds. Richard Bauman and Joel Sherzer (London: Cambridge University Press, 1974), pp. 240–62; Tertilt, Hermann, "Rauhe Rituale: Die Beleidigungsduelle der Turkish Power Boys," in *Kursbuch JugendKultur*, ed. SPoKK (Cologne: Bollmann, 1997), pp. 157–67. これらの文献についてはアニヤ・テルヴォーレンから教示していただいた。また以下も参照。Wilms, Yvonne, *Ehre, Männlichkeit und Kriminalität* (Münster: LIT, 2009), pp. 87–120; Metrol, Birol, "Männlichkeitskonzepte von Jugend mit türkischem Migrationshintergrund,"

in *Junge Muslime in Deutschland*, eds. Hans-Jürgen von Wensierski and Claudia Lübcke (Opladen: Budrich, 2007), pp. 173–94.

（84）国際連合人口基金発行の 2000 年版『世界人口白書（*The State of World Population*）』第 3 章（名誉殺人）：http://www.unfpa.org/swp/2000/english/ch03.html（最終閲覧日：2011 年 1 月 28 日）; Appiah, *Honor Code*, ch. 4; Wilms, *Ehre*, pp. 69–86; Eck, Clementine van, *Purified by Blood. Honour Killings amongst Turks in the Netherlands* (Amsterdam: Amsterdam University Press, 2003) を参照。

（85）Speitkamp, *Ohrfeige*, pp. 270–77 は、欧米の移民社会で発生している名誉殺人は「輸入された」ものではなく、移民の家庭を欧米の文化的なメインストリームと対立させる、特殊な社会状況に起因すると主張している。完全に誤りとは言えないものの、この議論は移民の出身国における名誉の概念と名誉にまつわる実践の存在と影響力を否定する傾向を示す。たとえば以下を参照。Dundes, Alan et al., "The Strategy of Turkish Boys' Verbal Dueling Rhythmes," *Journal of American Folklore* 83, no. 329 (Jul.-Sep. 1970): pp. 325–49. 名誉殺人が（西洋の非イスラーム教文化社会にもともとから存在する）一般的な家庭内暴力の一面「に過ぎない」という議論については、Chesler, Phyllis, "Are Honor Killings Simply Domestic Violence?," *Middle East Quarterly* 16, no. 2 (Sprig 2009): pp. 61–69 による反論を参照。

（86）http://soccernet.espn.go.com/print?id=373706&type=story; http://news.bbc.co.uk/sport2/hi/football/world_cup_2006/5169342.stm（最終閲覧日：2010 年 12 月 10 日）。

（87）Roper, Lyndal, "Männlichkeit und männliche Ehre," in *Frauengeschichte – Geschlechtergeschichte*, eds. Karin Hausen and Heide Wunter (Frankfurt: Campus, 1992), pp. 154–72; Müller-Wirthmann, Bernhard, "Raufhändel: Gewalt und Ehre im Dorf," in *Kultur der einfachen Leute*, ed. Richard van Dülmen (Munich: Beck, 1983), pp. 79–111.

（88）Peristiany, John G., ed., *Honour and Shame: The Values of Mediterranean Society* (London: Weidenfeld & Nicolson, 1966) に収録されているケース・スタディーを、特にピエール・ブルデュー の "The Sentiment of Honour in Kabyle Society" (pp. 191–241) を参照 ; Gilmore, David D., ed., *Honor and Shame*

and the Unity of the Mediterranean (Washington: American Anthropological Association, 1987); Peristiany, John G. and Julian Pitt-Rivers, eds., *Honor and Grace in Anthropology* (Cambridge: Cambridge University Press, 1992).

(89) Frevert, Ute, '*Mann und Weib, und Weib und Mann*': *Geschlechter-Differenzen in der Moderne* (Munich: Beck, 1995), pp. 178–218.

(90) Grevenitz, Friedrich August Ferdinand, *Unterricht zur Kenntniß der vorzüglichsten Abweichungen der gesetzlichen Vorschriften des Code Napoleon von den in den neuerlich abgetretenen preußischen Provinzen sowohl den deutschen, als polnischen bisher gültig gewesenen* (Leibzig, 1808), pp. 66, 90.

(91) Frevert, *Mann und Weib*, pp. 183, 214.

(92) Lange, Helene, "Die Duelldebatten im Reichstag," in *Kampfzeiten*, ed. eadem, vol. 2 (Berlin: Herbig, 1928), pp. 92–100.

(93) http://www.icrc.org/ihl.nsf/385ec082b509e76c41256739003e636d/1d1726425f6955aec125641e0038bfd6（Section III, Art. 46- 最終閲覧日：2010 年 11 月 30 日）。

(94) Rother, Rainer, ed., *Die letzten Tage der Menschheit: Bilder des Ersten Weltkrieges* (Berlin: Ars Nicolai, 1994), pp. 468–71, 474; Hone, John N. and Alan Kramer, *German Atrocities, 1914: A History of Denial* (New Haven: Yale University Press, 2001), ch. 5; Harris, Ruth, "The 'Child of the Barbarian': Rape, Race and Nationalism in France during the First World War," *Past & Present* 141 (Nov. 1993): pp. 170–206; Gullace, Nicoletta F., "Sexual Violence and Family Honor: British Propaganda and International Law during the First World War," *American Historical Review* 102, no. 3 (Jun. 1997): pp. 714–47; Audoin-Rouzeau, Stéphane, *L'enfant de l'ennemi 1914–1918: Viol, avortement, infanticide pendant la Grande Guerre* (Parise: Aubier, 1995).

(95) Bourke, Joanna, *Rape: A History from 1860 to the Present Day* (London: Virago, 2007), ch. 13.

(96) Treitschke, Heinrich von, *Politics*, trans. Blanche Dugdale and Torben de Bille, vol. 2 (New York; Macmillan, 1916), p. 595. ジェームズ・ジョル（James Joll）が確認しているように、トライチュケの議論は当時のヨーロッパ各地の哲学者や政治家に共有された。（*The Origin of the First World War*

(London: Longman, 1992), pp. 217–18)。

(97) 引用は Aschmann, Birgit, "Ehre – das verletszte Gefühl als Grund für den Krieg," in *Gefühl und Kalkül: Der Einfluss von Emotionen auf die Politik des 19. und 20. Jahrhunderts*, ed. eadem (Stuttgart: Franz Steiner, 2005), pp. 151–74 に収録。

(98) Frevert, Ute, "Honor, Gender, and Power: The Politics of Satisfaction in Pre-War Europe," in *An Improbable War: The Outbreak of World War I and European Political Culture before 1914*, eds. Holger Afflerbach and David Stevenson (New York: Berghahn, 2007), pp. 233–55.

(99) *Mein lieber Marquis! Friedrich der Große, sein Briefwechsel mit Jean-Baptiste d'Argens während des Siebenjährigen Krieges*, ed. Hans Schumann (Zürich: Manesse-Verlag, 1985), p. 240.

(100) Rother, ed., *Die letzten Tage der Menschheit*, pp. 454, 473 の図 I/6 及び I/185。ゲルマーニアとそのナショナリズムにおける重要性については Brandt, Bettina, *Germania und ihre Söhne: Repräsentationen von Nation, Geschlecht und Politik in der Moderne* (Göttingen: Vandenhoeck & Ruprecht, 2010) を参照。フランスの国家のアレゴリー、マリアンヌとその歴史的な変容については以下を参照。Agulhon, Maurice, *Marianne au combat. L'imagerie et la symbolique républicaines de 1789 à 1880* (Paris: Flammarion, 1979): idem, *Marianne au pouvoir. L'imagerie et la symbolique républicaines de 1880 à 1914* (Paris: Flammarion, 1989); idem, *Les Métamorphoses de Marianne. L'imagerie et la symbolique républicaines de 1914 à nos jours* (Paris: Flammarion, 2001).

(101) Rother, ed., *Die letzten Tage der Menschheit*, p. 470 の図 I/170 を参照。

(102) Gullace, Nicoletta F., *"The Blood of our Sons": Men, Women, and the Renegotiation of British Citizenship during the Great War* (New York: Palgrave Macmillan, 2002), pp. 73–97.

(103) *Robert Capa, Retrospektive*, ed. Laure Beaumont-Maillet (Berlin: Nicolai, 2005), p. 213. Virgili, Fabrice, *Shorn Women: Gender and Punishment in Liberation France* (Oxford: Berg, 2002).

(104) Warring, Anette, "Intimate and Sexual Relations," in *Surviving Hitler and Mussolini*, eds. Robert Gildea et al. (Oxford: Berg, 2006), pp. 88–128; Frommer, Benjamin, "Denouncers and Fraternizers: Gender, Collaboration, and Retribu-

tion in Bohemia and Moravia during World War II and after," in *Gender and War in 20th-century Eastern Europe,* eds. Nancy M. Wingfield and Maria Bucur (Bloomington: Indiana University Press, 2006), pp. 111–32; Vervenioti, Tassoula, "Left-Wing Women between Politics and Family," in *After the War was Over*, ed. Mark Mazower (Princeton: Princeton University Press, 2000), pp. 105–21.

(105) Sander, Helke and Barbara Johr, eds., *BeFreier und Befreite: Krieg, Vergewaltigungen, Kinder* (Munich: Kunstmann, 1992); Naimark Norman M., *The Russians in Germany: A History of the Soviet Zone of Occupation, 1945–1949* (Cambridge: Belknap Press of Harvard University Press, 1995), ch. 2.

(106) Woller, Hans, *Gesellschaft und Politik in der amerikanischen Besatzungszone: Die Region Ansbach und Fürth* (Munich: Oldenbourg, 1986), p. 71; Meyer-Lenz, Johanna, ed., *Die Ordnung des Paares ist unbehaglich: Irritationen am und im Geschlechterdiskurs nach 1945* (Hamburg: LIT, 2000), pp. 71–72.

(107) Berger, "Obsolescence," p. 83〔バーガー「名誉という概念の衰退について」95 頁〕。

(108) *Fontanes Briefe*, ed. Gotthard Erler, vol. 2 (Berlin: Aufbau-Verlag, 1989), pp. 213, 299, 377–78.

(109) Allen, Beverly, *Rape Warfare: The Hidden Genocide in Bosnia-Herzegovina and Croatia* (Minneapolis: University of Minnesota Press, 1996); Naimark, Norman M., *Fires of Hatred: Ethnic Cleansing in 20th-century Europe* (Cambridge: Harvard University Press, 2001), pp. 167–70.

(110) 近年、ポーランドのヤロスワフ・カチンスキやハンガリーのヴィクトル・オルバーンのような東欧の政治家は、彼らの国が「侮辱された」と主張することで、国家の名誉を持ち出している。(IHT, Jan. 7, 2011, p. 1)。この種のパトスは、2010 年 8 月にワシントンで「名誉の回復」のための集会を開いた保守的なアメリカ市民の間にも広がっている。右翼のティーパーティー運動にとって、アメリカの名誉はオバマ大統領が「我々のすべての行いに謝罪した」ことで損なわれたのである。「アメリカの中間層《ミドル・アメリカ》」の多くの白人プロテスタント中流階層が共有する国家の名誉の意識に、卑下と見なされる行いはそぐわなかったのである。彼らにとって、名誉

を回復することは、何よりも彼らが「最も偉大な国」の市民として享受するべき個人的・政治的な自尊心を取り戻すことに等しかったのである。http://www.washingtonpost.com/wp-dyn/content/article/2010/08/28/AR2010082801106_3.html?sid=ST2010091201877（最終閲覧日：2010年12月11日）。

（111）David, Natalie Zemon, *Fiction in the Archives: Pardon Tales and their Tellers in Sixteenth-century France* (Stanford: Stanford University Press, 1987), pp. 77–84. 前近代における怒りに関する研究は増えつつあるが、それについてはたとえば以下を参照。Glick, Robert A. and Steven P. Roose, eds., *Rage, Power, and Aggression* (New Haven: Yale University Press, 1993); Harris, William V., *Restraining Rage: The Ideology of Anger Control in Classical Antiquity* (Cambridge: Harvard University Press, 2001); Rosenwein, ed., *Anger's Past*; Stearns, Carol Z., "Lord Help Me Walk Humbly': Anger and Sadness in England and America, 1570–1750," in *Emotion and Social Change*, eds. eadem and Peter N. Stearns (New York: Holmes & Meier, 1988), pp. 39–68. 一般的に著者たちはほとんど、またはまったくジェンダーに注意を払っていない。

（112）Zedler, Johann Heinrich, ed., *Grosses vollständiges Universal-Lexicon Aller Wissenschafften und Künste* (Leipzig/Halle: Zedler, 1732–1750), col. 501.

（113）Izard, Carroll E., *The Psychology of Emotions* (New York: Plenum Press, 1991), p. 243〔キャロル・E・イザード（荘厳舜哉監訳、比較発達研究会訳）『感情心理学』（ナカニシヤ出版、1996年）280頁〕。「怒りは行動へのエネルギーを動員し、活力や自信を誘導し、その結果、人が自己を防衛する能力を高めさせる。」

（114）*Allgemeine deutsche Real-Encykopädie für die gebildeten Stände [Brockhaus]*, 7th ed. (Leipzig: Brockhaus, 1827), vol. 12, p. 548.

（115）Schlegel, Friedrich, *Theorie der Weiblichkeit*, ed. Winfried Menninghaus (Frankfurt: Insel, 1983), p. 127:「気高い人格を持つ女性は – 怒ることができ、男性的である。(Der *höhere* weibliche Charakter ist - zornfähig männlich.)」

（116）Ibid., p. 171

（117）Kant, Immanuel, *Anthropology from a Pragmatic Point of View*, ed., trans.

Robert B. Louden (Cambridge: Cambridge University Press, 2006), p. 205〔イマニュエル・カント（渋谷治美・高橋克也訳）『カント全集　第 15 巻　人間学』（岩波書店、2003 年）283 頁〕。Krünitz, Johann Georg, ed., *Oekonomische Encyklopädie* (Berlin: Pauli, 1773–1858), vol. 236 (1856), p. 12 は、女性性（Weiblichkeit）を第 1 に「女性の本質（weibliche Natur）」、第 2 に「女性の弱さと欠点（weibliche Schwachheit und Fehler）」と定義している。

（118）Basedow, Johann Bernhard, *Das Elementarwerk*, vol. 2 (Dessau: Crusius, 1774), p. 299; vol. 1, p. 218.

（119）Zedler, ed., *Universal-Lexicon*, vol. 63 (1750), col. 507; *Real-Encyklopädie [Brockhaus]*, 7th ed., vol. 12 (1827), p. 548.

（120）Cureau de la Chambre, Marin, *Von den Kennzeichnen der Leidenschaften des Menschen*, vol. 2, (Münster: Perrenon, 1789), pp. 180, 250, 280–81, 316.

（121）Zedler, ed., *Universal-Lexicon*, vol. 63 (1750), col. 510; *Allgemeine deutsche Real-Encyklopädie für die gebildeten Stände [Brockhaus]*, 11th ed. (Leipzig: Brockhaus, 1864–1868), vol. 15 (1868), p. 775.

（122）Meyer, J[oseph], ed., *Das große Conversations-Lexicon für die gebildeten Stände*, 1st ed. (Hildburghausen: Bibliographisches Institut, 1840–1853), vol. 3 (1842), p. 424; *Allgemeine deutsche Real-Encyklopädie für die gebildeten Stände [Brockhaus]*, 10th ed. (Leipzig: Brockhaus, 1851–1855), vol. 1 (1851), p. 630 は受動的な憤り（Ärger）と能動的な怒り（Zorn）はちがうものとしている。1836 年にはＨ・Ａ・ピーラーの『百科事典』は、怒りは「強い意思」を持つ「強健な」者の感情であるとし、一方憤りは「弱く神経質な」者のものとした（Pierer, Heinrich Angust, ed., *Universal-Lexikon* (Altenburg: Verlagshandlung Pierer, 1835–1836), vol. 26 (1836), p. 737）。

（123）*Real-Encyklopädie [Brockhaus]*, 7th ed., vol. 12 (1827), p. 548.

（124）Ibid., 11th ed., vol. 15 (1868), p. 775; ibid., 10th ed., vol. 1 (1851), p. 630（怒りが「行動や言葉」を生み出すことで心から重荷を取りのぞくことを強調している）（*[Gemüt]*）。

（125）ジョン・ロールズ（John Rawls）は、（不正に対する道徳的な反応である）「立腹（resentment）」と「憤慨（indignation）」を、「憤り（anger）」と「苛立ち（annoyance）」とは異なるものとしている。（“The

sense of justice" in idem, *Collected papers*, ed. Samuel Freeman (Cambridge: Harvard University Press, 1999), pp. 96–116, 引用部分は p. 111)。

(126) たとえば *Brockhaus-Enzyklopädie*, 17th ed. (Wiesbaden: F.A. Brockhaus, 1966–1974), vol. 20 (1974), p. 738; ibid., 21st ed. (Leipzig: Brockhaus, 2006), vol. 30, p. 675 を参照。

(127) Kring, Ann M., "Gender and Anger," in *Gender and Emotion*, ed. Agneta H. Fisher (Cambridge: Cambridge University Press, 2000), pp. 211–31, 引用部分は pp. 211, 219, 223; Campbell, Anne, *Men, Women and Aggression* (New York: Basic Book, 1993).

(128) Hess, Ursula et al., "Facial Appearance, Gender, and Emotion Expression," *Emotion* 4, no. 4 (Dec. 2004): pp. 378–88, 引用部分は p. 378.

(129) Messner, Elisabeth M., "Emotionale Tränen," *Der Ophthalmologe* 106, no. 7 (Jul. 2009): pp. 593–602, 特に p. 601.

(130) Newmark, Catherine, "Weibliches Leiden - männliche Leidenschaft: Zum Geschlecht in älteren Affektenlehren," *Feministische Studien* 26, no. 1 (May 2008): pp. 7–18.

(131) Rousseau, Jean-Jacques, "The Social Contract," in *Social Contract: Essays by Locke, Hume, and Rousseau*, ed. Ernest Barker (London: Oxford University Press, 1978), p. 185〔ジャン＝ジャック・ルソー（作田啓一訳）『社会契約論』（白水社、2010 年）34 頁〕; idem, "Emile or on Education," in *The Collected Writings of Rousseau*, eds., trans. Christopher Kelly and Allan Bloom, vol. 13 (Hanover: Dartmouth College Press, 2010), p. 374〔ルソー（樋口謹一訳）『エミール　中』（白水社、2004 年）68–69 頁〕。

(132) Rousseau, "Emile," Book V〔ルソー（樋口謹一訳）『エミール　下』（白水社、2004 年）第 5 篇、64–290 頁〕。

(133) Laqueur, Thomas, *Making Sex: Baby and Gender from the Greeks to Freud* (Cambridge: Harvard University Press, 1990), ch. 5; Honegger, Claudia, *Die Ordnung der Geschlechter: Die Wissenschaften vom Menschen und das Weib, 1750–1850* (Frankfurt: Campus, 1991), ウィルヒョーの引用は p. 210.

(134) Kant, *Anthropology*, pp. 204–05〔カント『人間学』283 頁〕。

(135) Welcker, Carl Theodor, "Geschlechtsverhältnisse," in *Staats-Lexikon oder*

Encyklopädie der Staatswissenschaften, eds. Rotteck, Carl von and Carl Welcker (Altona: Hammerich, 1834–1843), vol. 6 (1838), pp. 629–65, 引用部分は pp. 638–41. ヴェルッカーはジェンダーによる差異に関する医学的な権威であった Burdach, Karl Friedrich, *Anthropologie für das gebildete Publicum: Der Mensch nach den verschiedenen Seiten seiner Natur* (Stuttgart: Balz, 1837) に強く依拠した。

（136）Campe, Joachim Heinrich, *Väterlicher Rath für meine Tochter* (Braunschweig: Verlag der Schulbuchhandlung, 1789), pp. 26, 189–97.

（137）Kant, *Anthoropology*, pp. 149–182; Löchel, Rolf, “Frauen sind ängstlich, Männer sollen mutig sein: Geschlechterdifferenz und Emotionen bei Immanuel Kant,” *Kant-Studien* 97, no. 1 (Mar. 2006): pp. 50–78.

（138）Kant, *Anthropology*, p. 150〔カント『人間学』207 頁〕. *Allgemeine deutsche Real-Encyclopädie für die gebildeten Stände [Brockhaus]*, 6th ed. (Leipzig: Brockhaus, 1824–1829), vol. 4 (1824), pp. 180–82.

（139）Kant, *Anthropology*, pp. 131–32〔カント『人間学』182–83 頁〕. *Empfindsamkeit* は英語版では「sensitivity（敏感さ）」と、*Empfindelei* は「sentimentality（感傷癖）と訳されている。けれどもこれは、p. 209〔カント『人間学』290 頁〕の英語訳「She is *sensitive;* he is *sentimental*（女は情が細やかで、男は情に脆い）」（「Sie ist *empfindlich*, Er *empfindsam*」）と矛盾する。

（140）Darnton, Robert, *The Great Cat Massacre and Other Episodes in French Cultural History* (New York: Random House, 1985), pp. 215–56.

（141）Krünitz, ed., *Encyklopädie*, vol. 75 (1798), pp. 367–80.

（142）Kant, *Anthropology*, p. 209〔カント『人間学』290 頁〕; Herlosssohn, Carl, ed. *Damen Conversations Lexikon* (Leipzig: Volckmar, 1834–1838), vol. 3 (1835), p. 400; vol. 4 (1835), pp. 342–43.

（143）Ibid., vol. 6 (1836), pp. 321–22.

（144）*Real-Encyklopädie [Brockhaus]*, 10th ed., vol. 6 (1852), pp. 322, 681.

（145）*Meyers Großes Konversations-Lexikon*, 6th ed. (Leipzig: Bibliographisches Institut, 1902–1905), vol. 7 (1904), p. 685.

（146）*Brockhaus' Conversations-Lexikon. Allgemeine deutsche Real-Encyklopädie*, 13th ed. (Leipzig: Brockhaus, 1882–1887), vol. 7 (1884), p. 649.

（147）Ibid.; *Meyers Konversations-Lexikon*, 5th ed. (Leipzig: Bibliographisches Institut, 1893–1898), p. 292.

（148）Schlegel, *Theorie der Weiblichkeit*, p. 61.

（149）Trepp, Anne-Charlott, *Sanfte Männlichkeit und selbständige Weiblichkeit: Frauen und Männer im Hamburger Bürgertum zwischen 1770 und 1840* (Göttingen: Vandenhoeck & Ruprecht, 1996), pp. 125–60; Habermas, Rebekka, *Frauen und Männer des Bürgertums: Eine Familiengeschichte (1750–1850)* (Göttingen: Vandenhoeck & Ruprecht, 2000), pp. 315–94.

（150）Staël, Anne Germaine de, *Über Deutschland*, ed. Monika Bosse (Frankfurt: Insel, 1985), pp. 39, 46. 上記の著作はナポレオンによって 1810 年に禁書に指定されたため、ドイツ語版は 1814 年に刊行された。

（151）Welcker, Carl, “Bürgertugend und Bürgersinn,” in Rotteck and Welcker, eds. *Staats-Lexikon*, 2nd ed., vol. 2 (1846), pp. 763–70.

（152）Scheidler, Karl Hermann, “Gemüth,” in *Allgemeine Encyclopädie der Wissenschaften und Künste*, eds. Ersch, Johann Samuel and Johann Gottfried Gruber (Leipzig: Brockhaus, 1818–1889), sect. 1, part 57, 1853, pp. 317–18.

（153）Arndt, Ernst Moritz, *Kurzer Katechismus für teutsche Soldaten* (s.l., 1812), pp. 9, 30; idem, *Was bedeutet Landsturm und Landwehr?* (s.l., 1813), p. 10. Frevert, Ute, *A Nation in Barracks: Modern Germany, Military Conscription and Civil Society* (Oxford: Berg, 2004), pp. 22–30; Hagemann, Karen, “Of ‘Manly Valor’ and ‘German Honor’: Nation, War, and Masculinity in the Age of the Prussian Uprising against Napoleon,” *Central European History* 30, no. 2 (Jun. 1997): pp. 187–220 を参照。イギリスのプロパガンダについては Colley, Linda, *Britons: Forging the Nation 1707–1837* (New Haven: Yale University Press, 1992), ch. 7 を参照。

（154）Welcker, “Geschlechtsverhältnisse,” 引用部分は pp. 641, 648–50, 657. 前述のように、女性の情緒性（emotionality）に関する理論は多種多様であり、互いに矛盾するものだった。ヴェルッカーの同僚ヨハン・カスパー・ブルンチュリが、1870 年にヴェルッカーとは正反対の主張をしているのはそのためである。彼いわく、女性は過度に「敏感《センシティブ》」で「情念《パッション》に支配される」ため、「洞察」と「精力」が求められる政治にはなじまないの

である。騒乱に満ちた1830年代、40年代を経験したブルンチュリは、女性と政治の双方についてヴェルッカーとは明らかにちがった見解を持っていたのである。(Bluntschli, Johann Caspar and Karl Brater, eds., *Deutsches Staats-Wörterbuch* (Stuttgart: Expedition des Staats-Wörterbuchs,1857–1870), vol. 11 (1870), p. 130).

(155) そうした規範が、広く読まれた百科事典や指南書の中でどのように表現されたのかについては、たとえば Ersch and Gruber, eds. *Encyklopädie*, sect. 1, vol. 2 (1819), p. 136; *Real-Encyklopädie [Brockhaus]*, 10th ed., vol. 9 (1853), p. 489; Knigge, Adolph Freiherr von, *Über den Umgang mit Menschen*, ed. Gerd Uedig (Frankfurt: Insel, 1977), p. 45 (1788年に出版された『クニッゲ』はマナーの教科書の原型になり、数多くの版を重ねた) を参照。Döcker, Ulrike, *Die Ordnung der bürgerlichen Welt: Verhaltensideale und soziale Praktiken im 19. Jahrhundert* (Frankfurt: Campus, 1994) を参照。

(156) Meyer, ed., *Conversations-Lexicon*, vol. 19 (1851), p. 1457; *Meyers Konversations-Lexikon*, 5th ed., vol. 11 (1896), p. 185.

(157) Geitner, Ursula, "Die eigentlichen Enragées ihres Geschlechts': Aufklärung, Französische Revolution und Weiblichkeit," in *Grenzgängerinnen*, eds. Helga Grubitzsch et al. (Düsseldorf: Schwann, 1985), pp. 181–220.

(158) Welcker, "Geschlechtsverhältnisse," 引用部分は pp. 649–50, 656. 類似の議論は右翼・左翼の著述家のどちらにもされている。"Geschlechtsverhältnisse," in Blum, Robert, ed., *Volksthümliches Handbuch der Staatswissenschaften und Politik* (Leipzig: Blum, 1848–1851), vol. 1 (1848), pp. 408–12; Riehl, Wilhelm Heinrich, *Die Familie* (1855), 11th ed. (Stuttgart: Cotta, 1897), 特に pp. 10–11 を参照。

(159) Hanslick, Eduard, *Vom Musikalisch-Schönen. Ein Beitrag zur Revision der Ästhetik der Tonkunst* (1854), 4th ed. (Leipzig: Johann Ambrosius Barth, 1874), p. 74.

(160) Kirchhoff, Arthur, ed., *Die Akademische Frau* (Berlin: Steinitz, 1897), 引用部分は pp. 5, 29, 67, 148–49. 神経学者パウル・ユリウス・メビウス (Paul Julius Möbius) が提唱したもののように、女性の生理学的な弱さと知的能力の不足を等置する、より極端な見解も存在した。1900年にメビウス

は *Über den physiologischen Schwachsinn des Weibes* (Halle: Marhold, 1900) という著作を出版し、同書は出版後 8 年で 9 版を重ねた。

(161) Venedey, Jacob, *Die Deutschen und Franzosen nach dem Geiste ihrer Sprachen und Sprüchwörter* (Heidelberg: Winter, 1842), pp. 29, 99, 102.

(162) Flaubert, Gustave, *Correspondance (1862–1868)* (Paris: Conard, 1929), p. 158（1864 年 10 月 6 日の書簡）; Koppenfels, Martin von, *Immune Erzähler: Flaubert und die Affektpolik des modernen Romans* (Munich: Fink, 2007).

(163) Kolesch, *Theater.*

(164) Cavallo, Guglielmo and Roger Chartier, eds., *A History of Reading in the West* (Cambridge: Polity Press, 1999), ch. 12; Langewiesche, Dieter and Klaus Schönhoven, "Arbeiterbibliotheken und Arbeiterlektüre im Wilhelminischen Deutschland," *Archiv für Sozialgeschichte* 16 (1976): pp. 135–204, 特に p. 172; Schön, Erich, "Weibliches Lesen: Romanleserinnen im späten 18. Jahrhundert," in *Untersuchungen zum Roman von Frauen um 1800*, eds. Helga Gallas and Magdalene Heuser (Tübingen: Niemezer, 1900), pp. 20–40.

(165) Cavallo and Chartier, eds., *History of Reading*, ch. 13; Schlaffer, Hannelore, "Lektüre und Geschlecht," *Neue Züricher Zeitung*, July 31, 2010. http://www.nzz.ch/nachrichten/kultur/literatur_und_kunst/lektuere_und_geschlecht_1.7025813.html（最終閲覧日：2010 年 12 月 19 日）。

(166) Schittenhelm, Rosemarie, ed., *Von Tag zu Tag: Das Große Mädchenbuch*, 23rd ed. (Stuttgart: Frankch'sche Verlagshandlung, 1961), pp. 13–14, 58, 287, 266–67, 273–74. 同書は 1950 年代、1960 年代のベストセラーになり、10 年の間に 25 の版を重ねた。

(167) Wobeser, Wilhelmine Karoline von, *Elisa oder das Weib wie es sein sollte* (1795)（復刻版：Hildesheim: Olms, 1990); Christ, Sophie, *Taschenbüchlein des guten Tones : praktische Anleitung über die Formen des Anstandes für die weibliche Jugend* (Mainz: Kirchheim, 1888); Peters, F., *Das junge Mädchen im Verkehre mit der Welt* (Maintz: Kirchheim & Co., 1889); *Anstandsbüchlein für junge Mädchen* (Regensburg: Habbel, 1908); Reznicek, Paula von, *Auferstehung der Dame* (Stuttgart: Dieck, 1928); Beck, Fritz, *Der Gute Ton für meine Tochter: Ein Anstandsbrevier für die junge Dame* (Vienna: Pechan, 1960). 関連文献の分析を助けてく

れたレア・ペータースに感謝する。

（168）同著の初版は1870年に刊行され、1892年には第15版が、1922年には第230版（！）が刊行された。

（169）http://web.archive.org/web/20060716064213/http://www.mediagrill.de/Universum.html（最終閲覧日：2010年12月20日）。

（170）一般的に19–20世紀の少年向けの出版物は、こうしたメッセージを伝えた。Müller, Helmut, ed., *Üb immer Treu und Redlichkeit: Kinder- und Jugendbücher der Kaiserzeit (1871–1918)* (Frankfurt: Stadt- und Universitätsbibliothek, 1988); Baumgärtner, Alfred Clemens, ed., *Ansätze historischer Kinder- und Jugendbuchforschung* (Baltmannsweiler: Schneider, 1980). イギリスについてはOlsen, Stephanie, "Towards the Modern Man: Edwardian Boyhood in the Juvenile Periodical Press," in *Childhood in Edwardian Fiction*, eds. Adrienne Gavin and Andrew Humphries (New York: Palgrave Macmillan, 2009), pp. 159–76.

（171）Frevert, *Nation in Barracks*, pp. 157–99.

（172）Reulecke, Jürgen, *"Ich möchte einer werden so wie die…" Männerbünde im 20. Jahrhundert* (Frankfurt: Campus, 2001).

（173）Hitler, Adolf, *Mein Kampf* (Munich: Eher, 1933), p. 392〔アドルフ・ヒトラー（平野一郎・将積茂訳）『わが闘争　下』（角川書店、1973年）507頁〕。

（174）http://www.nationalsozialismus.de/dokumente/texte/heinrich-himmler-posener-rede-vom-04-10-1943-volltext.html（最終閲覧日：2010年12月20日）。

（175）http://fr.wikipedia.org/wiki/Émeute（最終閲覧日：2010年12月20日）。1835年に、ピーラーの百科事典も感情を同じく「反抗」と定義している（vol. 7, p. 21）。

（176）Cowles, Virginia, *Winston Churchill: The Era and the Man* (London: Hamilton, 1953), p. 242に収録されている1922年11月13日の『タイムズ』紙からの引用（この文献についてはケルスティン・ジンガーに教示していただいた）。選挙戦がはらむ感情については、イギリスの例はO'Gorman, Frank, "Campaign Rituals and Ceremonies. The Social Meaning of Elections in England 1780–1860," *Past & Present* 135 (May 1992): pp. 79–115

を参照。アメリカ合衆国については Bensel, Richard Franklin, *The American Ballot Box in the mid-Nineteenth Century* (Cambridge: Cambridge University Press 2004), pp. 287, 295 を参照。

（177）Przyrembel, Alexandra, *"Rassenschande": Reinheitsmythos und Vernichtungslegitimation im Nationalsozialismus* (Göttingen: Vandenhoeck & Ruprecht, 2003), pp. 65–84.

（178）Frevert, Ute, *Women in German History*, (Oxford: Berg, 1989), pp. 207–11, 240–47.

（179）*Meyers Großes Konversations-Lexikon*, 6th rev. Ed. (Leipzig: Bibliographisches Institut, 1905–1909), vol. 5 (1908), p. 760; *Der Große Herder; Nachschlagewerk für Wissen und Leben*, 4th ed. (Freibug: Herder, 1931–1935), vol. 4 (1932), col. 1327–1328.

（180）Zweig, Stefan, *The World of Yesterday. An Autobiography* (New York: Viking Press, 1945), pp. 73, 78.

（181）*Der Große Brockhaus*, 16th ed. (Wiesbaden: Brockhaus, 1952–1963), vol. 4 (1954), p. 436.

（182）Ibid., vol. 7 (1955), p. 158; *Meyers Lexikon*, 8th ed. (Leipzig: Bibliographisches Institut, 1936–1942) vol. 3 (1937), col. 1290.

（183）Allsop, Kenneth, *The Angry Decade: A Survey of the Cultural Revolt of the Nineteen-fifties* (London: Peter Owen, 1958), p. 9; http://www.britannica.com/EBchecked/topic/25251/Angry-Young-Men; http://www.spiegel.de/spiegel/print/d-41760001.html（最終閲覧日：2010 年 12 月 20 日）。戦後のイギリスにおける感情にまつわる規範については Francis, Martin, "Tears, Tantrum, and Bared Teeth: The Emotional Economy of Three Conservative Prime Ministers, 1951–1963," *Journal of British Studies* 41, no. 3 (Jul. 2002): pp. 354–87 を参照。

（184）Brody, Leislie R. and Judith A. Hall, "Gender and Emotion," in *Handbook of Emotions*, eds. Michael Lewis and Jeannette M. Haviland-Jones (New York: Guilford Press, 1993), pp. 447–61; Timmers, Monique et al., "Ability versus Vulnerability: Beliefs about Men's and Women's Emotional Behaviour," *Cognition and Emotion* 17, no. 1 (Jan. 2003): pp. 41–63.

（185）Hochschild, Arlie R., "Emotion Work, Feeling Rules and Social Structure," *American Journal of Sociology* 85, no. 3 (Nov. 1979): pp. 551–75; eadem, *The Managed Heart: Commercialization of Human Feeling* (Berkeley: University of California Press, 1983); Grandey, Alicia A., "Emotion Regulation in the Workplace: A New Way to Conceptualize Emotional Labor," *Journal of Occupational Health Psychology* 5, no. 1 (Jan. 2000): pp. 95–110.

（186）Schlegel, *Theorie der Weiblichkeit*, p. 99; Reddy, William M., *The Navigation of Feeling: A Framework for the History of Emotions* (Cambridge: Cambridge University Press, 2001), pp. 199–232; Dohm, Hedwig, *Die wissenschaftliche Emancipation der Frau* (Berlin: Wedekind & Schwieger, 1874); Frevert, *Women*, pp. 71–82, 113–30.

（187）Mergel, Thomas, *Propaganda nach Hitler: Eine Kultgeschichte des Wahlkampfs in der Bundesrepublik 1949–1990* (Göttingen: Wallstein, 2010); Connelly, Matthew, *A Diplomatic Revolution: Algeria's Fight for Independence and the Origins of the Post-Cold War Era* (New York: Oxford University Press, 2002).

（188）Illouz, *Consuming the Romantic Utopia*; eadem, *Cold Intimacies* を参照。

（189）Rieff, *Triumph*; Illouz, *Saving the Modern Soul.*

（190）Meyer, ed., *Conversations-Lexicon*, vol. 12 (1848), p. 748; Rein, Wilhelm, ed., *Enzyklopädisches Handbuch der Pädagogik*, 2nd ed. (Langensalza: Beyer 1903–1911), vol. 5 (1906), p. 43.

（191）Decety, Jean and William Ickes, eds., *The Social Neuroscience of Empathy* (Cambridge, Mass.: MIT Press, 2009).

（192）Trivers, Robert L., "The Evolution of Reciprocal Altruism," *Quarterly Review of Biology* 46, no. 1 (Mar. 1971): pp. 35–57. 19 世紀における道徳概念としての利他主義の興隆については Dixon, Thomas, *The Invention of Altruism: Making Moral Meanings in Victorian Britain* (Oxford: Oxford University Press, 2008) を参照。

（193）Ockenfels, Axel et al., "Alturismus, Egoismus, Reziprozität," in *Soziologische Theorie kontrovers*, eds. Gert Albert and Steffen Sigmund (Wiesbaden: VS Verlag, 2011), pp. 119–53; Harbaugh, William T. et al., "Neural Responses to Taxation and Voluntary Giving Reveal Motives for Charitable Donations,"

Science 316, no. 5831 (Jun. 2007): pp. 1622–25.

（194）Calhoun, Craig, "A World of Emergencies: Fear, Intervention, and the Limits of Cosmopolitan Order," *Canadian Review of Sociology and Anthoropology* 41, no. 4 (Nov. 2004): pp. 373–95; Barnett, Michael, "Humanitarianism Transformed," *Perspectives on Politics* 3, no. 4 (Dec. 2005): pp. 723–40. 哲学的な見地については Goldie, Peter, "Compassion: A National, Moral Emotion," in *Die Moralität der Gefühle*, eds. Sabine A. Döring and Verena Mayer (Berlin: Akademie, 2002), pp. 199–211 を参照。

（195）「思いやりのある保守主義」についてのホワイトハウスの概要報告書を参照。http://georgewbush-whitehouse.archives.gov/news/releases/2002/04/20020430.html（最終閲覧日：2010 年 12 月 20 日）; Berlant, Lauren, ed. *Compassion: The Culture and Politics of an Emotion* (New York: Routledge, 2004), 特に pp. 1–4.

（196）*Documents of German History*, ed. Louis L. Snyder (New Brunswick: Rutgers University Press, 1958), pp. 246–47（1881 年のビルマスクの演説）。

（197）Ritter, Joachim and Karlfried Gründer, eds., *Historisches Wörterbuch der Philosophie* (Basel: Schwabe, 1971–2004), vol. 5 (1981), col. 1410–1416; 古代ギリシャ、ローマ及び初期キリスト教における哀れみの概念については Konstan, David, *Pity Transformed* (London: Duckworth, 2001) を参照。

（198）Müller, Gottfried, "Die Barmherzigkeit Gottes: Zur Entstehungsgeschichte eines koranischen Symbols," *Die Welt des Islams* 28, no. 1/4 (1988): pp. 334–62; Küng, Hans and Josef van Ess, *Christentum und Weltreligionen: Islam*, 7th ed. (Munich: Piper, 2006). アンゲリカ・ノイヴィルトには、これらの文献について教示していただいたことを感謝する。

（199）*Emotional Awareness. Overcoming the Obstacles to Psychological Balance and Compassion: A Conversation between The Dalai Lama and Paul Ekman* (New York: Henry Holt, 2008), ch. 5.

（200）Ritter and Gründer, eds., *Wörterbuch*, vol. 5 (1980), 引用部分は col. 1412; Hutcheson, *Essay*, p. 56; Hume, David, *A Treatise of Human Nature*, ed. Ernest C. Mossner (London: Penguin, 1985), pp. 417–18; Rousseau, Jean-Jacques, *Discours sur l'Origine et les Fondements de l'Inégalité parmi les Hommes*, ed. Angèle

Kremer-Marietti (Paris: Aubier Montaigne, 1963), p. 84〔ジャン＝ジャック・ルソー（板倉裕治訳）『人間不平等起源論　付「戦争方原理」』（講談社、2016年）35頁〕。

（201）Hume, *Treatise*, pp. 367–70〔ヒューム『人間本性論』52–53頁〕; Frazer, Michael L., *The Enlightenment of Sympathy* (Oxford: Oxford University Press, 2010), ch. 2.

（202）Smith, Adam, *The Theory of Moral Sentiments* (Amherst: Prometheus, 2000), pp. 3–30〔アダム・スミス（高哲男訳）『道徳感情論』（講談社、2013年）56頁〕。

（203）Idem, *The Wealth of Nations*, ed. Andrew Skinner (Harmondsworth: Penguin, 1974), p. 119〔アダム・スミス（水田洋監訳、杉山忠平訳）『国富論 1』（岩波書店、2000年）39頁〕。

（204）Ibid., p. 117〔スミス『国富論 1』37頁〕。

（205）Smith, *Theory of Moral Sentiments*, p. 13〔スミス『道徳感情論』42頁〕。「名高いアダム・スミス問題」の他の解き方については Hirschman, Albert O., *The Passions and the Interests: Political Arguments for Capitalism before its Triumph* (Princeton: Princeton University Press, 1977), pp. 109–13; Dwyer, John, "Ethics and Economics: Bridging Adam Smith's Theory of Moral Sentiments and Wealth of Nations," *Journal of British Studies* 44, no. 4 (Oct. 2005): pp. 662–87 を参照。

（206）Rousseau, *Discours*, pp. 84–87〔ルソー『人間不平等起源論』35、81頁〕。

（207）引用は Schieder, Wolfgang, "Brüderlichkeit," in *Geschichtliche Grundbegriffe*, eds. Otto Brunner et al., vol. 1 (Stuttgart: Klett-Cotta, 1972), pp. 552–81 に収録。

（208）Schiller, Friedrich, "Was heißt und zu welchem Ende studiert man Universalgeschichte?,"(1789) in *Schillers Werke*, ed. Joachim Müller, vol. 3 (Berlin: Aufbau, 1967), pp. 273–95, 引用部分は pp. 283–84.

（209）Hunt, Lynn, *The Family Romance of the French Revolution* (Berkeley: University of California Press, 1992), ch. 3.

（210）Schieder, "Brüderlichkeit," pp. 565–67.

(211) Hunt, Lynn, *Inventing Human Rights: A History* (New York: W. W. Norton, 2007).

(212) Brown, Christopher L., *Moral Capital: Foundations of British Abolitionism* (Chapel Hill: University of North Carolina Press, 2006); Carey, Brycchan, *British Abolitionism and the Rhetoric of Sensibility: Writing, Sentiment, and Slavery, 1760–1807* (New York: Palgrave Macmillan, 2005); Drescher, Seymour, *The Mighty Experiment: Free Labor versus Slavery in British Emancipation* (New York: Oxford University Press, 2002); Davis, David B., *Inhuman Bondage: The Rise and Fall of Slavery in the New World* (New York: Oxford University Press, 2006).

(213) 18世紀の「感性的（sensualist）」転回については Williams, Elizabeth A., *The Physical and the Moral: Anthropology, Physiology, and Philosophical Medicine in France, 1750–1850* (Cambridge: Cambridge University Press, 1994); Vila, Anne C., *Enlightenment and Pathology: Sensibility in the Literature and Medicine in 18th century France* (Baltimore: Johns Hopkins University Press, 1998); Barker-Benfield, *Culture of Sensibility*, ch. 1を参照。

(214) Koschorke, Albrecht, *Körperströme und Schriftverkehr: Mediologie des 18. Jahrhunderts* (Munich: Fink, 1999), pp. 64–82.

(215) Kant, *Anthropology*, p. 132〔カント『人間学』183頁〕。この種の同時代的な批判は Mullan, John, *Sentiment and Sociability: The Language of Feeling in the Eighteenth Century* (Oxford: Oxford University Press, 1988)にも繰り返されている。

(216) Mackenzie, Henry, *The Man of Feeling* (1771), ed. Brian Vickers (Oxford: Oxford University Press, 2001); Ellis, Markman, *The Politics of Sensibility: Race, Gender and Commerce in the Sentimental Novel* (Cambridge: Cambridge University Press, 2004). すでに1985年にはトーマス・L・ハスケル（Thomas L. Haskell）が、これは「資本主義の台頭と関連する」「感性《センシビリティ》の本質的な変化」であると論じている（idem, "Capitalism and the Origins of the Humanitarian Sensibility," *American Historical Review* 90, no. 2/3 (Apr./Jun. 1985): pp. 339-61, 547–66)。

(217) http://www.spartacus.schoolnet.co.uk/REhoward.htm（最終閲覧日：2011年1月1日); Howard, Derek Lionel, *John Howard: Prison Reformer* (New

York: Archer House, 1963); 批判的見解については Foucault, Michel, *Discipline and Punish: The Birth of the Prison* (Harmondsworth: Penguin, 1979) を参照。

(218) Prochaska, Frank K., *Women and Philanthropy in Nineteenth-Century England* (Oxford: Clarendon Press, 1980), ch. 5; Summers, Anne, *Angels and Citizens: British Women as Military Nurses, 1854–1914* (London: Routledge, 1988), ch. 1; Himmerlfarb, Gertrude, *Poverty and Compassion: The Moral Imagination of the Late Victorians* (New York: Knopf, 1991).

(219) Zedler, ed., *Universal-Lexicon*, vol. 41 (1744), col. 744.

(220) Diderot, Denis and Jean le Rond d'Alembert, eds., *Encyclopédie, ou dictionnaire raisonné des sciences, des arts, et des metiers* (Paris: Briasson, 1751–1765), p. 736.

(221) Larousse, Pierre, ed., *Grand dictionnaire universel du XIXe siècle* (Paris: Administration du Grand Dictionnaire Universel, 1866–1876), vol. 14 (1875), p. 1316.

(222) *Allgemeine deutsche Real-Encyklopädie für die gebildeten Stände [Brockhaus]*, 9th ed. (Leipzig: Brockhaus, 1843–1848), vol. 14 (1847), p. 48.

(223) Zedler, ed., *Universal-Lexicon*, vol. 21 (1739), col. 552.

(224) *Der große Brockhaus: Handbuch des Wissens*, 15th ed. (Leipzig: Brockhaus, 1928–1935), vol. 12 (1932), p. 618; *Brockhaus*, 21st ed., vol. 18 (2006), p. 560.

(225) Chismar, Douglas, "Empathy and Sympathy: The Important Difference," *Journal of Value Inquiry* 22, no. 4 (1988): pp. 257–66; Olinick, Stanley L., "A Critique of Empathy and Sympathy," in *Empathy*, eds. Joseph Lichtenberg et al., vol. 1 (Hillsdale, NY: Analytic Press, 1984), pp. 137–66.

(226) Lipps, Theodor, *Leitfaden der Psychologie* (Leipzig: Engelmann, 1903); idem, "Das Wissen von fremden Ichen," *Psychologische Untersuchungen* 1 (1907): pp. 694–722; Ritter and Gründer, eds., *Wörterbuch*, vol. 2 (1972), col. 396–99; Chismar, "Empathy," pp. 257–59; Curtis, Robin and Gertrud Koch, eds., *Einfühlung: Zu Geschichte und Gegenwart eines ästhetischen Konzepts* (Munich: Fink, 2009).

(227) Vignemont, Frederique de and Tania Singer, "The Empathic Brain: How,

When and Why," *Trends in Cognitive Sciences* 10, no. 10 (Oct. 2006): pp. 435–41.

（228）Schopenhauer, Arthur, "Preisschrift über die Grundlage der Moral," in idem, *Die beiden Grundprobleme der Ethik* (Zürich: Diogenes, 1977), pp. 248–49, 269, 283. ヴィクトリア朝期のイギリスにおいて、付随して興隆した利他主義については Dixon, *Invention of Altruism* を参照。ヴィクトリア朝期のイギリスにおいて同情《コンパッション》が「ヒューマニズム」の世俗的な宗教へと変容する過程については Himmelfarb, *Poverty* を参照。

（229）Schopenhauer, "Preisschrift," p. 274.

（230）Nietzsche, Friedrich, "Jenseits von Gut und Böse," § 202, 222, 293 in idem, *Sämtliche Werke: Kritische Studienausgabe*, eds. Giorgio Colli and Mazzino Montinari (Munich: dtv/de Gruyter, 1988), vol. 5, pp. 124–26, 156, 236〔フリードリヒ・ニーチェ（木場深定訳）『善悪の彼岸』（岩波書店、2010 年）202、222、293 番、178–81、224–25、348–49 頁〕; "Die fröhliche Wissenschaft" §271, 274, 338, ibid., vol. 3, pp. 5519, 565–68〔フリードリヒ・ニーチェ（森一郎訳）『愉しい学問』（講談社、2017 年）271、274、338 番、272–73、342–45 頁〕。

（231）Nietzsche, Friedrich, "Menschliches, Allzumenschliches," §50, ibid., vol. 2, pp. 70–71〔フリードリヒ・ニーチェ『人間的、あまりに人間的　I』（筑摩書房、2011 年）50 番、84–86 頁〕; "Also sprach Zarathustra," ibid., vol. 4, pp. 113–16〔フリードリヒ・ニーチェ（佐々木中訳）『ツァラトゥストラかく語りき』（河出書房新社、2015 年）147–51 頁〕。

（232）Nietzsche, "Zarathustra," ibid., vol. 4, pp. 77–79, 引用部分は p. 78〔ニーチェ『ツァラトゥストラかく語りき』102–4 頁、引用部分は 103 頁〕。

（233）Mendelssohn, Moses, "Sendschreiben an den Herrn Magister Lessing in Leipzig," (1756), in Jean-Jaques Rousseau, *Abhandlung von dem Ursprung der Ungleichheit unter den Menschen*, ed. Ursula Goldenbaum (Weimar: Böhlaus Nachfolger, 2000), pp. 235–50, 引用部分は p. 239; Meyer-Kalkus, Reinhart, "Apotheose und Kritik des Mitleids: Lessing und Mendelssohn," *Berliner Debatte Initial* 17, no. 1–2 (2006): pp. 36–49.

（234）Hume, *Treatise*, p. 369; Schings, Hans-Jürgen, *Der mitleidigste Mensch ist*

der beste Mensch: Poetik des Mitleids von Lessing bis Büchner (Munich: Beck, 1988), ch. III; Diderot and d'Alembert, eds., *Encyclopédie*, vol. 15 (1765), p. 52.

(235) Stocking Jr., George W., *Victorian Anthropology* (New York: Free Press, 1987); Burke, John G., "The Wild Man's Pedigree: Scientific Method and Racial Anthropology," in *The Wild Man Within*, eds. Edward Dudley and Maximillian E. Novak (Pittsburgh: University of Pittsburgh Press, 1973), pp. 259–80; Zimmermann, Andrew, *Anthropology and Antihumanism in Imperial Germany* (Chicago: University of Chicago Press, 2001).

(236) こうした過程に随伴して登場し、イギリス帝国における文明化のミッションを特徴づけた共感《シンパシー》と人種主義については Rai, Amit S., *Rules of Sympathy: Sentiment, Race and Power 1750–1850* (New York: Palgrave, 2002); Pernau, Margrit, "An ihren Gefühlen sollt Ihr sie erkennen: Eine Verflechtungsgeschichte des britischen Zivilitätsdiskurses (ca. 1750–1860)," *Geschichte und Gesellschaft* 35, no. 2 (Apr.-Jun. 2009): pp. 249–81 を参照。

(237) http://www.nationalsozialismus.de/dokumente/texte/heinrich-himmler-posener-rede-vom-04-10-1943-volltext.html（最終閲覧日：2010年12月20日）。

(238) Krausnick, Helmut, "Judenverfolgung," in *Anatomie des SS-Staates*, eds. Hans Buchheim, Martin Broszat and Hans-Adolf Jacobsen, vol. 2 (Munich: dtv, 1989), 引用部分は pp. 333–34.

(239) Krünitz, ed., *Encyklopädie*, vol. 75 (1798), pp. 348–50.

(240) Whitman, James Q., "What is Wrong with Inflicting Shame Sanctions?," *Yale Law Journal* 107, no. 4 (Jan. 1998: pp. 1055–92, 引用部分は p. 1074（サッカレー）, 1076（1832年刊の『段階的科刑式刑法（*Code Pénal Progressif*）』を引用）。ドイツにおける刑罰慣行や法学的な議論については Evans, Richard J., *Tales from the German Underworld: Crime and Punishment in the Nineteenth Century* (New Haven: Yale University Press, 1998), ch. 2; Foucault, *Discipline* を参照。

(241) Kant, *Anthropology*, pp. 134–35〔カント『人間学』186–87 頁〕; Krünitz, ed. *Encyklopädie*, vol. 75 (1798), pp. 158–59; Ersch and Gruber, eds. *Encyclopädie*, sect. 1, part 56 (1853), p. 24 は、他者の苦しみに共感しつつも、そ

の苦しみに見舞われていないことを「快く感じること」について論じている。

(242) Nitzsche, "Jenseits von Gut und Böse;" §222, 225, pp. 160–61, 156〔ニーチェ『善悪の彼岸』222、225 番、225–26 頁、232–34 頁〕。

(243) Sznaider, Natan, *Über das Mitleid im Kapitalismus* (Munich: Bibliothek der Provinz, 2000), pp. 30–33; Orwin, Clifford, "Mitleid: Wie ein Gefühl zu einer Tugend wurde," *Merkur* 63, no. 716 (2009): pp. 1–9.

(244) Koselleck, Reinhart, *Preußen zwischen Reform und Revolution,* 2nd ed. (Stuttgart: Klett, 1975), pp. 641–59, 引用部分は p. 642（大法官カルマーと司法参事官スヴァレツ）。死刑反対論については Evans, Richard J., *Rituals of Retribution: Capital Punishment in Germany, 1600–1987* (Oxford: Oxford University Press, 1996); Spierenburg, Pieter, *The Spectacle of Suffering: Executions and the Evaluation of Repression* (Cambridge: Cambridge University Press, 1984) を参照。拷問については Hunt, *Invernting Human Rights,* ch. 2 を参照。

(245) Molènes, Alexandre Jacques Denis Gaschon de, *De l'humanité dans les lois criminelles, et de la jurisprudence: sur quelques-unes des questions que ces lois font naître* (Paris: Locquin, 1830), p. 401:「ですから人間性が拒絶するこうした刑罰は放棄しましょう。この種の刑罰の存在のせいで、社会の下層に属する人びとは、哀れみの情を軽視することに慣れ、恥の気持ちをあざけり、人間の尊厳に関わる一切の感情を忘れてしまっているのだ。」類似の所見については Evans, *Tales,* pp. 132–33 を参照。

(246) Rousseau, *Discours,* pp. 90, 88〔ルソー『人間不平等起源論』86、90 頁〕(「社会的な慣習から生まれた」「虚構の」感傷《センチメント》としての愛)。

(247) Smith, *Theory of Moral Sentiments,* pp. 27,45〔スミス『道徳感情論』57、76 頁〕。

(248) Nietzsche, "Die fröhliche Wissenschaft," §47, pp. 412–13〔ニーチェ『愉しい学問』47 番、112–13 頁〕。

(249) Luhmann, Niklas, *Liebe als Passion* (Frankfurt: Suhrkamp, 1982), p. 9〔ニクラス・ルーマン（佐藤勉・村中知子訳）『情熱としての愛――親密さのコード化』（木鐸社、2005 年）4 頁〕。

(250) Winter, Jay, *Dreams of Peace and Freedom: Utopian Moments in the Twentieth*

Century (New Haven: Yale University Press, 2006), ch. 4; Hoffmann, Stefan-Ludwig, ed., *Human Rights in the Twentieth Century* (New York: Cambridge University Press, 2011).

(251) *Meyers Lexikon,* 8th ed., vol. 7 (1939), p. 1455.

(252) Hunt, *Inventing Human Rights,* 引用部分は p. 220（傍点は筆者による）。これは以下の研究が主張するような、人命の神聖化という概念を立証するものである。Joas, Hans, "La dignité humaine: religion de la modernité?," in *L'individu social*, ed. Monique Hirschhorn (Laval: Presses de l'université Laval, 2007), pp. 13–29; idem, "The Emergence of Universalism: An Affirmative Genealogy," in *Frontiers of Sociology*, eds. Peter Hedström and Björn Wittrock (Leiden: Brill, 2009), pp. 15–24.

(253) Calhoun, Craig, "The Imperative to Reduce Suffering: Charity Progress, and Emergencies in the Field of Humanitarian Action," in *Humanitarianism in Question*, eds. Michael Barnett and Thomas G. Weiss (Ithaca: Cornell University Press, 2008), pp. 73–97; 第二次世界大戦後の人道主義については、Journal of Contemporary History の特別号を参照。*Journal of Contemporary History: Relief in the Aftermath of War,* ed. Jessica Reinisch, vol. 43, no. 3 (Jul. 2008), pp. 371–551.

(254) Sen, Amartya, *The Idea of Justice* (London: Allen Lane, 2009), pp. 403–7.

(255) Rifkin, Jeremy, *The Empathic Civilization: The Race to Global Consciousness in a World in Crisis* (New York: Tarcher, 2009).

(256) 以下で議論された通りである。Boltanski, Luc, *Distant Suffering: Morality, Media and Politics* (Cambridge: Cambridge University Press, 1999), part III.

(257) Berlant, ed., *Compassion*, p. 10; Dean Carolyn J., *The Fragility of Empathy after the Holocaust* (Ithaca: Cornell University Press, 2004).

(258) http://de.wikipedia.org/wiki/Emo（最終閲覧日：2011 年 1 月 30 日）; Stearns, Peter N., *American Cool: Constructing a Twentieth-Century Emotional Style* (New York: New York University Press, 1994); Geiger, Annette et al., eds., *Coolness: Zur Ästhetik einer kulturellen Strategie und Attitüde* (Bielefeld: Transcript, 2010).

(259) Boltanski, *Distant Suffering*, p. xiv.

（260）*New York Times*, February 28, 2011（『*Süddetsche Zeitung*』紙のためにピックアップされた記事）, p. 3.

図版出典一覧

図1　アルブレヒト・デューラー『メランコリアI』（銅版画、1514年）。

図2　逆転の世界。決闘で闘う女たち（19世紀の葉書の一部分、1843年頃）。

図3　「シャルトル、1944年8月18日」ロバート・キャパ撮影 © International Center of Photography/Magnum Photos

図4　J・B・バゼドウ『入門書』、図版XXVII（一部）「女の激しい怒りと、そのとばっちりを受けたティー・テーブルと鏡、うっかり嘲笑を見せる使用人」。

図5　ダニエル・ホドヴィエツキによる挿絵付きの『若きウェルテルの悩み』の扉絵。

図6　『日々　女の子大全』の3つの版、ローゼマリー・シッテンヘルム編、シュトゥットガルト、フランク出版、1954年、1961年、1972年 カバーイラストはリロー・ラッシュ・ネーゲレ、カローラ・フォン・シュトルプナーゲル、アイガ・ネーゲレによる。© 出版社 Franckh-Kosmos の許可を得て掲載。

図7　左：ヒトラーを歓迎するズデーテンの女性たち、1938年10月（撮影者不明）、右：点呼のため整列する突撃隊、親衛隊と国家社会主義自動車軍団、ニュルンベルク、1935年11月9日（チャールズ・ラッセル撮影、ARC識別記号：558778）。

図8　アーガス社のロゴ「笑顔でサービス」、©The Argus　ブライトン・アンド・ホヴ市の地方紙の許可を得て掲載。

図9　版画「友愛の甘い言葉：フランソワ、団結しましょう。健全な調和が法の支配のもとに自由をもたらしますように。人間は平等です。全ての者が同じ権利を持つのです。利己主義が滅びますように。祖国よ、万歳！」（1794年）、ジャン・バティスト・ゴーティエ（作版者）、

アンリ・ニコラ（挿絵画家）。出典：gallica.bnf.fr/Bibliothèque nationale de France

図10　ジョサイア・ウェッジウッドが1795年に作成したイギリス反奴隷制度協会の公式メダル、及び反奴隷制度メダルの女性版（18世紀の挿絵をおそらく19世紀に複製したもの）のコラージュ、大英博物館。

図11　版画「フランソワ・ピエール・ビヤール、1772年2月18日高等法院の判決によりカルカンにて有罪判決、永遠に追放される」（1771–1774年頃）。出典：gallica.bnf.fr/Bibliothèque nationale de France